『法華経』日本語訳

Hiro
Sachiya

ひろさちや

佼成出版社

まえがき

日本仏教において、いちばん大事な経典は何か？　そう問われたら、わたしは『法華経』だと答えます。天台宗や日蓮宗において『法華経』が重視されているのはもちろんのこと、他の宗派においても『法華経』は重視されています。

ただ、浄土宗や浄土真宗においては、あまり『法華経』を読みません。しかし、その二宗の開祖である法然も親鸞も、比叡山において修学中、しっかり『法華経』を読んでいます。それ故、わたしは『法華経』こそが、日本のあらゆる仏教宗派に共通する聖典だと思います。

*

にもかかわらず、わたしたちが『法華経』を読もうと思っても、なかなか簡単には読めません。日本で読まれている『法華経』といえば、鳩摩《くま》羅什《らじゅう》がサンスクリット語原典から漢訳した『妙法蓮華経』です。訳文がこなれており、リズミカルで、それになにより平易ですが、かといって一般の人が漢文を読みこなせるわけがありません。だから現代語訳が必要とされるのですが、その現代語訳にいいものがないのです。たんに漢文を読み下しにしたにすぎないようなものに、「現代語訳」と銘打っているものもあります。それを読んで『法華経』が理解できるわけがありません。

それから、『法華経』を読むのに困るのは、『法華経』は最初に散文で述べたことをもう一度韻文《いんぶん》(詩の形式)で繰り返していることです。ときには、散文とちょっと違うことを言っていることもありますが、ほとんどは同じ内容の繰り返しです。正直に言って、疲れますね。

さらにもう一つ、『法華経』の現代語訳には、ほとんどの場合、訳者の解釈が加えられています。そうすると、長い仏教教学の歴史の中で定着した教学的解釈が読者に強制されてしまうのです。たとえば、提婆達多《だいばだった》という人物が出て来ると、これは悪人であるといった解釈で読まれる。『法華経』は一言もそんなことを言っていないのに、訳者の自分勝手な(というより、それはその人の属する教団の立場かもしれません)解釈を押し付けられるのだから、読者にとっては迷惑ですよね。

＊

それやこれやを考えて、わたしは、誰もが読める『法華経』の日本語訳をつくることにしました。わたしが留意したのは、

——読者が翻訳小説を読むように、『法華経』を読んでいただくこと——

です。翻訳小説は、日本の作家のものを読むよりちょっと骨が折れます。でも、まあ、小説

であるから、わりと気軽に読めるはずです。それと同じく、わたしは読者に『法華経』を気軽に読んでほしいのです。そのように、気軽に読める日本語訳をつくることが、わたしの第一の念願でした。それがどの程度成功したか、あとは読者に判定していただくよりほかありません。

そして読者は、『法華経』を気軽に読んだあとで、いったい『法華経』は何を言いたいのだろうかと、ご自分で考えてください。これまでの『法華経』に関する類書は、まず最初に何を『法華経』は言いたいのか、その主旨を前提にし、その主旨に沿って本文を解説するものがほとんどでした。つまり押し付けです。それじゃあ、自分で『法華経』を読んだことになりません。

読者は、好き勝手に『法華経』を読んでください。『法華経』をSF小説として読んでもいいのです。漫画的に読んでもいい。もちろん信仰の書として読んでもいい。それは読者のご自由です。優れた古典というものは、いろんな読み方ができるものです。いろんな読み方ができるところに、わたしは『法華経』の偉大さがあると思っています。

それからわたしは、この日本語訳においては、原則的に韻文の部分を割愛しました。冗長なる繰り返しによって、読者をうんざりさせないためです。けれども、古来、人口《じんこう》に膾炙《かいしゃ》しているものや、ちょっとおもしろいなあと思ったものは、重複を厭《いと》わず訳してあります。

＊

ともあれ、読者は『法華経』の日本語訳を楽しんでください。『法華経』は、数多い仏教経典のうち最も重要な経典であると同時に、最高に楽しめる経典です。どうか気軽にお読みください。

ひろさちや

二〇一五年二月

『法華経』日本語訳　目次

装丁　本田　進

『法華経』日本語訳

1　幕開けの章（序品《じょほん》第一）

1―1
わたしはこのように聴聞させていただきました。

1―2
あるとき、仏は、マガダ国の首都の王舎城《おうしゃじょう》（ラージャグリハ）郊外に聳《そび》える霊鷲山《りょうじゅせん》に、一万二千人の比丘《びく》たちと一緒においでになった。彼らは、すでにあらゆる煩悩《ぼんのう》を克服し、みずからの救いを達成し、涅槃《ねはん》の境地に達した阿羅漢《あらかん》（小乗仏教で悟りを開いた聖者）たちであった。主な名前を列挙すれば、憍陳如《きょうじんにょ》（カウンディニャ）、摩訶迦葉《まかかしょう》（マハーカーシャパ）・優楼頻螺《うるびんら》迦葉《かしょう》（ウルヴィルヴァーカーシャパ）・伽耶迦葉《がやかしょう》（ガヤーカーシャパ）・那提迦葉《なだいかしょう》（ナディーカーシャパ）・舎利弗《しゃりほつ》（シャーリプトラ）・目連《もくれん》（マウドガリヤーヤナ）・迦栴延《かせんねん》（カーティヤーヤナ）・阿那律《あなりつ》（アニルッダ）・難陀《なんだ》（ナンダ）・富楼那《ふるな》（プールナ・マイトラーヤニープトラ）・

須菩提《しゅぼだい》（スブーティ）・阿難《あなん》（アーナンダ）・羅睺羅《らごら》（ラーフラ）といった有名人である。

また、そこには、修行中の二千人の比丘がいた。

さらに摩訶波闍波提比丘尼《まかはじゃはだいびくに》（マハープラジャーパティー）が六千人の従者とともにそこにいた。羅睺羅の母の耶輸陀羅《やしゅだら》比丘尼（ヤショーダラー）も従者を連れて来ている。

そして八万人の菩薩《ぼさつ》（大乗仏教の道を歩む者）が同席している。この菩薩たちは最高・窮極の悟りを求めて後退することなく、すばらしい記憶力と弁説の才を持ち、仏教の教えを説き弘《ひろ》めていた。彼らは無数の仏のもとで徳を積み、常に諸仏から称讃された人たちである。慈悲の心を身につけ、仏の大いなる智慧を学び、みずからは悟りの彼岸に渡り、また無数の衆生を悟りの彼岸に渡らせ、その名声は世界の隅々《すみずみ》にまで轟いていた。主な名前を挙げると、文殊《もんじゅ》菩薩・観世音《かんぜおん》菩薩・得大勢《とくだいせい》菩薩・常精進《じょうしょうじん》菩薩・薬王《やくおう》菩薩・勇施《ゆうせ》菩薩・月光《がっこう》菩薩・弥勒《みろく》菩薩・宝積《ほうしゃく》菩薩たちである。

また帝釈天《たいしゃくてん》（仏教の守護神）が配下の二万の神々を伴って同席していた。自在天《じざいてん》（仏教の守護神）が三万の神々を連れて来ている。娑婆《しゃば》世界の主である梵天《ぼんてん》（正法《しょうぼう》護持の神）も、一万二千の眷属《けんぞく》を伴ってやって来ている。

八大竜王もおり、緊那羅《きんなら》（音楽神）や乾闥婆《けんだつば》（音楽神）、阿修羅《あしゅら》、迦楼羅《かるら》（仏法の守護神）が、それぞれの眷属を率いて同席していた。

韋提希夫人《いだいけぶにん》の子の阿闍世《あじゃせ》王が十万の家臣を従えてやって来ている。
これらの者たちは仏の足《みあし》をいただいて礼拝したのち、一方の座についた。

1―3 そのとき、世尊は、比丘（男性の出家修行者）・比丘尼（女性の出家修行者）・優婆塞《うばそく》（男性の在家信者）・優婆夷《うばい》（女性の在家信者）に取り囲まれ、彼らから供養を受け、尊敬と称讃を受けたのち、もろもろの菩薩のために大乗の教えを説かれた。その大乗の教えは、深遠なる意義があり、菩薩のための教えであり、仏が大事に護持しておられる教えである。

1―4 仏は大乗の教えを説かれたのちに、結跏趺坐《けっかふざ》して瞑想に入られた。
すると、天空からさまざまな天華《てんげ》が仏や人々の上に降り、大地が震動した。その場の聴衆は、かつて見たこともない光景に歓喜し、合掌して一心に仏を見つめた。

1―5 そのとき、仏は眉間《みけん》にある白毫《びゃくごう》（白い巻き毛）から光を放ち、東方にある一万八千の世界を、それぞれ上は天界の最高層から下は地獄の底まで隈《くま》なく照らされた。

その仏の照らされた光によって、その場の聴衆たちは、東方一万八千の仏国土にいる天人・人間・阿修羅・畜生・餓鬼・地獄の生類を見ることができた。また、それら仏国土においでになる諸仏に見《まみ》え、またそれら諸仏の説法を聴聞することができた。さらにそれら仏国土の比丘・比丘尼・優婆塞・優婆夷たちが修行によって悟りを得る様子や、菩薩たちが仏道を実践している様子を見ることができた。また、それぞれの仏国土において、諸仏が涅槃に入られる様子や、諸仏の入滅されたのち、仏舎利《ぶっしゃり》（仏の遺骨）を納めた七宝の仏塔が建立される光景を見ることができた。

1―6

そのとき、弥勒菩薩はこのように考えた。

〈いま、世尊は奇瑞《きずい》を現わされた。この奇瑞は何のためであろうか？　けれども、いま世尊は瞑想に入っておられる。では、この不思議な出来事の意味を、誰に尋ねればよいか？　誰が答えてくれるであろうか？〉

そして、このように考えた。

〈文殊菩薩は、過去世において無数の諸仏に仕え、供養してこられた方だ。それ故、過去にき

っとこうした希有《けう》な出来事を見られたに違いない。文殊菩薩に訊《き》くべきである〉
そのとき、その場にいた比丘・比丘尼・優婆塞・優婆夷や天人・竜・鬼神たちは、一様にこう思った。
〈仏のこのような光明と奇瑞の意味を、まさに誰に尋ねるとよいだろうか？〉

1―7

そのとき、弥勒菩薩は自身の疑問を解決するため、またその場にいた聴衆の心を推し量って、文殊菩薩に質問した。
「どういうわけでこのような奇瑞が現われたのですか？　世尊が大光明を放って東方の一万八千の仏国土を照らし、その仏国土のすばらしい光景をわれわれに見せてくださったのはどういうわけですか？」

1―8

すると文殊菩薩は、弥勒菩薩をはじめとする大勢の聴衆にこう語った。
「みなさん、わたしの想像する通りであれば、いま、世尊は、大法（大いなる真理）を説き、大法の雨を降らせ、大法の法螺貝《ほらがい》を吹き、大法の太鼓を打ち、大法の義を説こうとされています。

みなさん、わたしは、過去の諸仏たちが、このような奇瑞を示されたのを見てきましたが、いずれの諸仏たちもかかる光明を放たれた直後、大法を説かれました。それ故、いま、釈迦仏が光明を放たれたのも同じことでありましょう。あらゆる衆生に、彼らが容易に信じることのできない教えを説き聞かせるために、このような奇瑞を見せられたのでしょう。

みなさん、過去も過去、まさに想像を絶するほどの過去に、一人の仏がおいでになりました。その名を日月燈明如来《にちがつとうみょうにょらい》といいます。この日月燈明如来が正しい真理をお説きになられたのですが、その説法は初めもよく・中もよく・終りもよいもので、その意味は深遠にして、言葉遣いもすばらしく、まったく完璧なものでした。声聞《しょうもん》（小乗仏教の出家修行者）のためには、四諦の教えを説き、生老病死の苦を克服して涅槃に達するように指導され、縁覚《えんがく》（小乗仏教の山林修行者）のためには十二因縁の教えを説かれ、もろもろの菩薩のためには六波羅蜜《ろくはらみつ》の教えを説き、彼らが最高・窮極の悟りを得て、一切の事象を知り尽くす智慧を獲得できるように導かれました。

この日月燈明如来が入滅されたのち、また仏が出現され、その仏も名前を日月燈明如来といいました。さらにその次に出現された仏も、その名を日月燈明如来といいます。このようにして二万の仏が順次出現され、その全員が日月燈明如来と呼ばれました。そして全員が頗羅堕《はらだ》氏族の出身でした。弥勒よ、よく覚えておきなさい、この二万の仏は、最初の仏も最後の仏も、すべて日月燈明如来と呼ばれ、仏のさまざまな特性を具《そな》え、その説法は初めも途中も最後もすばらしいものでした。

さて、その最後の日月燈明如来が出家される前に、八人の王子が生まれています。上から順に有意《うい》・善意《ぜんに》・無量意・宝意・増意・除疑意《じょぎい》・響意《こうい》・法意といった名前です。この八人の王子は威厳と人徳の持ち主で、それぞれ天下を支配していました。そして彼らは、出家した父王が最高・窮極の悟りに到達したと聞くや、八人が八人とも王位を捨てて出家し、大乗の道を歩み、常に仏道修行をして法師《ほっし》となりました。その後、彼らは千万の仏の所《みもと》においてさまざまな功徳を積んだのです。

ところで、じつは、あるとき日月燈明仏は大乗の教えを説かれました。その大乗の教えは、深遠なる意義があり、菩薩のための教えであり、仏が大事に護持しておられる教えです。そしてその教えを説き終ると、仏は大勢の聴衆のいる中で結跏趺坐して瞑想に入られたのです。すると天空からさまざまな天華が仏や人々の上に舞い降り、大地が震動しました。その場の聴衆――比丘・比丘尼・優婆塞・優婆夷・天竜八部衆《てんりゅうはちぶしゅう》・小王・転輪聖王《てんりんじょうおう》たち――は、これまで見たこともない光景に歓喜し、合掌して一心に仏を見つめました。そのとき、如来は眉間にある白毫から光を放って、東方にある一万八千の仏国土の隅々までを照らされたのです。弥勒よ、お分かりのように、いま、この世界でわたしたちが見ているのと同じことが過去において起きたのです。

そして、そのときも、その場にいた二十億人の菩薩たちが、仏の眉間から放たれた光明が一万八千の仏国土を照らすといった、かつて見たこともない奇瑞を見て、いったいどういうわけでこのような光明の奇瑞が起きたのか、その理由を知りたいと思いました。

ところで、そのとき、日月燈明仏を囲む聴衆のうちに妙光という名前の菩薩がいました。彼には八百人の弟子がいました。さて、日月燈明仏は瞑想から出たあと、その妙光菩薩のために、妙法蓮華・菩薩のための教え・仏が大事に護持しておられる教えと名づけられた大乗の教えを説かれました。それを説くのに劫《こう》（無限ともいうべき時間）をさらに六十倍したほどの時間がかかっています。しかし、その長い時間のあいだ、仏は座から立ち上がることなく、聴衆もじっと不動のままでした。誰も退屈を感ずることなく、あっという間の時間でした。

日月燈明仏は、劫を六十倍した時間をかけて大乗の教えを説き終り、そしてその場にいた聴衆にこう告げられました。

『如来《わたし》は、今日の真夜中に完全な涅槃に入るであろう』

そしてそのとき、日月燈明仏は徳蔵という名の菩薩に記《き》を授けられました。記を授ける（授記）というのは、未来においてその人が必ず仏になることを予言することです。そこにいた比丘たちにこう告げられたのです。

『この徳蔵菩薩は、次の生においてまさに仏となるであろう。その仏の呼び名は浄身《じょうしん》である』

仏は授記を終ったあと、その真夜中に完全な涅槃に入られました。

仏が入滅されたあと、妙光菩薩は日月燈明仏から教わった〈法華経〉という教えを持《たも》ち、劫を八十倍したほどのあいだ人々のためにそれを説き続けました。そして、日月燈明仏の子の八人の王子は、みな妙光を師として学び、妙光はその八人を教化してすべて最高・窮極の悟りに到達させました。その後、彼らは無量百千万億の仏を供養し、それによって全員が仏になることができたのです。そして、八人のうちの最後に仏になった者の名前を燃燈仏《ねんとうぶつ》といいます。

ところで、妙光菩薩の八百人の弟子の一人に、求名《ぐみょう》という名前の者がいました。彼は利欲に目がくらみ、さまざまな経典を学ぶのですが意味が理解できず、すぐに忘れてしまうありさま。そのために求名（名声を求める者）という名で呼ばれていたのです。けれども、この人はまた、さまざまな善の功徳を積んだがために無量百千万億の諸仏に見《まみ》えることができ、そして諸仏を供養し、恭敬《くぎょう》し、尊重し、讃歎しました。

弥勒よ、いいですか、そのときの妙光菩薩は、ほかでもないわたしがそれなんです。そして求名菩薩は、あなたですよ。

いま、釈迦仏が現わされた奇瑞を見ると、過去と同じです。それ故、わたしが推測するところによると、現在の如来も、まさしく『妙法蓮華』と名づけられ・菩薩のための教え・仏が大事に護持しておられる教えと名づける大乗の教えをこれからお説きになるに違いありません」

2　仏に向かっての歩み（方便品第二《ほうべんぼん》）

2―1

そのとき、世尊は、静かに瞑想から出られて、舎利弗《しゃりほつ》（シャーリプトラ）に語られた。

「諸仏の智慧はまことに奥深く、計り知れないものである。その智慧の法門は難解で入りにくく、声聞《しょうもん》や縁覚《えんがく》といった小乗の徒が知ることのできないものだ。なぜかといえば、すべての仏がかつて百千万億という無数の諸仏に親しく学び、諸仏の教える仏道修行をことごとく実践されたのだ。すべての諸仏は勇猛果敢《ゆうもうかかん》に精進され、その名声は世に知れわたり、かつて世に知られることのなかった奥深い真理を成就され、それを人々の性質・能力に応じて説かれたわけであるから、その真意がどこにあるかを理解することはむずかしいのである。

舎利弗よ。わたしも仏となって以後これまで、さまざまな因縁話や譬喩《ひゆ》でもって、言葉によって教えを説き、無数の方便を使って衆生を導き、執着から離れさせてきた。なぜそれができたかといえば、如来たる者は、衆生を導く教化の方法とそのための知見とをすでに完成させ、備えているからである。

舎利弗よ、如来たる者は、広大なる知見・利他の心・説法力・智力等々を獲得し、これまで誰も知ることのなかった真理を完成させたのだ。

舎利弗よ、如来はまた状況に応じて法を説き、その言葉も穏やかで聞く者に喜びを与えることができる。

舎利弗よ、要するに仏《わたし》は、これまでに誰も知ることのできなかった、最高にして窮極の真理を完成させたのである。

だが、やめよう。舎利弗よ、説いても無駄である。なぜかといえば、仏が悟った真理は最高にして比類なきものであり、人々が理解できるものではない。ただ仏と仏のあいだだけで、あらゆる事物の真実の相《すがた》――諸法実相――を究めることができるのである。それは、あらゆるものがどのような相をしているか、どのような性質を持っているか、どのような形体をしているか、どのような力を持っているか、どのような作用をするか、どのような直接原因があるか、どのような間接条件があるか、どのような直接結果があるか、どのような二次的変化があるか、初めから終りまでを通じてそれがいったい窮極的にはどのようなものであるか、ということである」

2―2

そのとき、その場に参集していた人々のうち、憍陳如《きょうじんにょ》（カウンディニヤ）をはじめとする千二百人の阿羅漢《あらかん》たち――彼らはすでに煩悩《ぼんのう》を克服していた――と、小乗仏教に発心《ほっしん》した比丘《びく》・比丘尼《びくに》・優婆塞《うばそく》・優婆夷《うばい》たちが、次のように考えた。

〈いま、世尊は、行き届いた言葉でもって〝仏に向かっての歩み〟を称讃され、そして、「仏が体得された真理は深遠にして理解しがたく、それを言葉でもって説明してもその真意を知ることはむずかしく、それ故、声聞や縁覚といった小乗の徒の及ぶところではない」と言われたが、それはどうしてなんだろうか……？　仏が説かれた解脱《げだつ》への道は一つであって、われわれはその教えを実践して涅槃《ねはん》に達したはずだ。ところが、いま、世尊はそれを否定するようなことを言われた。その意味がよく分からない〉

2―3

そこで舎利弗は、人々の心中を推し量り、また自分でも疑問に思ったもので、仏にこう尋ねた。

「世尊よ、いかなる理由があって、諸仏が説かれた〝仏に向かっての歩み〟の教えこそが第一の真理であり、深遠にして難解な教えであると、口をきわめて称讃されるのですか？　わたしはこれまで、このような教えを世尊からお聞きしたことがありません。いま、この場にいる聴衆は、みな疑問に思っています。どうか世尊よ、その理由を明かしてください。どうして世尊は、深遠にして難解な教えを称讃されるのですか？」

2—4

すると仏は舎利弗にこう答えられた。

「やめよ、やめよ、説いても無駄である。もしこれを説けば、この世界のすべての天人と人間が驚き、疑うに違いないからである」

だが舎利弗は、なおも仏に申し上げた。

「世尊よ、どうかお説きください。なぜかといえば、この場にいる無数の百千万億兆といった衆生は、過去世において諸仏に見《まみ》え、すばらしい能力を持ち、智慧も持っていますから、仏の教えを拝聴すれば、きっとそれを信ずることができるからです」

2—5

仏は舎利弗を制止して言われた。

「もしこれを説けば、この世界のすべての天人・人間・阿修羅《あしゅら》は驚き、疑うに違いない。また、増上慢《ぞうじょうまん》の比丘は、まさに地獄に堕《お》ちるに違いない」

2―6

そのとき、舎利弗は、なおも重ねて仏に申し上げた。

「世尊よ、どうか教えを説いてください。いま、ここにいるわれら百千万億人は、すでに過去世において諸仏の教化を受けています。これらの者は教えを受ければ必ずやそれを信じ、長い年月を安穏に送り、利益を得るところが多いに違いありません」

2―7

すると世尊は、舎利弗に言われた。

「そなたはすでに三度、礼儀正しく丁寧に教えを請うた。では、わたしはどうして説かずにおられようか。わたしは、そなたのために分かりやすく解説するから、それを聴いてよく考えるがよい」

2—8

世尊がそう語られたとき、その場にいた五千人の比丘・比丘尼・優婆塞・優婆夷が座から起《た》ち上がって、世尊に一礼をして退出した。なぜかといえば、これらの人は罪が深く、仏の教えをよく理解していないのに自分では理解したと思い、悟ってもいないのに悟ったと思っている、増上慢の人たちだからである。このような過失の故に、彼らはこの場に止《とど》まることができなかったのだ。世尊は沈黙のまま、彼らを制止されなかった。

そのあと、世尊は舎利弗に告げられた。

「いま、ここに残った衆のうちには、枝葉《えだは》のごときつまらぬ人間はいなくなり、純心・誠実な者ばかりになった。

舎利弗よ、あのような増上慢の人が退出するもまたよいではないか。では、わたしはそなたのために説こう。よく聴きなさい」

舎利弗は言った。

「はい、世尊よ、喜んで拝聴させていただきます」

2—9

仏は舎利弗に告げられた。

「優曇華《うどんげ》は三千年に一度、花を咲かせるというが、わたしがこれから説く妙法を過去の諸仏が説かれたのは、それと同じく希有《けう》なことである。

舎利弗よ、あなたがたは仏の説かれる教えを信じなさい。仏の語る言葉に偽りはないのだから。

舎利弗よ、仏が相手に応じて説かれる教えの真意を理解することはむずかしい。なぜなら、わたしはさまざまな手段ともろもろの因縁話・譬喩・表現を駆使して教えを説いたのであるが、その教えは人間の思慮・分別によって理解できるものではなく、ただ仏だけがこれを了得できるのである。というのも、あらゆる仏はただ一つの大事な目的のための故に、世に出現されるのだ。

舎利弗よ、では、諸仏が世に出現された、その一つの大事な目的とは何であろうか？　諸仏は、衆生に仏の知見（智慧による洞察力）を開かせ清浄にさせんがために、世に出現される。衆生に仏の知見を示さんがために、世に出現される。衆生に仏の知見を悟らせんがために、世に出現される。衆生に仏の知見を獲得するための道に入らせんがために、世に出現される。舎利弗よ、これを、諸仏はただ一つの大事な目的の故に、世に出現されるというのだ」

2—10

仏はさらに舎利弗に言われた。

「諸仏はただ菩薩《ぼさつ》のみを教化される。諸仏がなされるすべてのことは、常に一事のためである。すなわち、ただ仏の知見を衆生に示し悟らせんがためである。

舎利弗よ、如来が衆生に説かれる教えは、ただ一仏乗（すべての人を対象とした教え）である。それ以外に声聞乗《しょうもんじょう》（声聞のための教え）だとか縁覚乗《えんがくじょう》（縁覚のための教え）といったものはない。

舎利弗よ、十方世界にましまます諸仏の教えも、またそうである。

舎利弗よ、過去の諸仏も、ありとあらゆる方便を駆使し、さまざまな因縁話・譬喩・表現を使って衆生に教えを説かれた。その説法は一仏乗であった。もろもろの衆生は諸仏の教えを聴聞して、窮極的には仏の智慧を獲得したのである。

舎利弗よ、未来の諸仏が世に出現されるのも、無数の方便とさまざまな因縁話・譬喩・表現を駆使して、衆生に教えを説かんがためである。その教えはみな一仏乗である。そしてもろもろの衆生は仏の教えを聴聞して、窮極的に仏の智慧を獲得するであろう。

舎利弗よ、現在、十方の無量百千万億の仏国土にましします諸仏は、衆生の利益と安楽のために活躍しておられる。この諸仏もまた、ありとあらゆる方便とさまざまな因縁話・譬喩・表現を駆使して、衆生のために教えを説いておられる。その教えはすべての人を対象としたものである。そして衆生は、その教えを聴聞して、窮極においては仏の智慧を得るのである。

舎利弗よ、過去・未来・現在の諸仏は、すべて菩薩のみを教化の対象とされている。諸仏は、仏の知見を衆生に示そうと欲し、仏の知見を衆生に悟らせようと欲し、仏の知見を得るための道に衆生を入らせようと欲しておられるが故である。

舎利弗よ、いま、わたしもまた同じである。わたしは、すべて衆生がさまざまな欲を持ち、深く心に執着するものがあるのを知って、一人一人の性格に応じて、さまざまな因縁話と譬喩、表現、方便の力を駆使して、彼らのために教えを説くのだ。

舎利弗よ、わたしが説く教えはすべて一仏乗であり、仏の智慧を得させるためのものだ。

舎利弗よ、十方世界の中には、一仏乗以外の第二の乗はない。ましてや第三の乗があるわけがない。

舎利弗よ、諸仏が出現されるのは、いつも五つの汚濁《おだく》がある悪世である。五つの汚濁とは何か？　時代が悪くなること、煩悩がはびこること、衆生の身心が弱くなること、人々が誤った思想を持つこと、寿命が短くなることの五つである。

舎利弗よ、時代が悪くなれば、衆生は煩悩にまみれ、けちで欲ばりになり、他人を妬《ねた》み、不善の行ないをするようになる。そのために諸仏は、本来は一仏乗であるものを、方便力によって三乗に分けて説かれるのだ。

舎利弗よ、もしもわたしの弟子のうち、自分は阿羅漢だ、辟支仏《びゃくしぶつ》だとうぬぼれ、諸仏はただ菩薩だけを教化されているのだということを教わることなく、知ることもない者がいれば、その者は真の仏弟子ではないし、また阿羅漢でもなく、辟支仏でもない。

また舎利弗よ、ここにいる比丘・比丘尼のうち、自分はすでに阿羅漢となった、これが輪廻《りんね》転生《てんしょう》の最後の人生であり、この生が尽きれば窮極の涅槃に入ると思って、それ以上の最高・窮極の悟りを求めない者がいれば、まさにそのような者は増上慢の人だ。なぜかといえば、いくら阿羅漢となった比丘といえども、仏の教えを信じない者がいれば、その者はまちがっているからである。ただし、仏が入滅されたのち、無仏の世になれば話は違う。なぜなら、仏が入滅されたのちに、いま述べたような教えを保持し、読誦《どくじゅ》し、その教えの真意を理解する声聞の徒はめったにいないからである。だが、そうした声聞の徒も、いずれ将来、他の仏に出会えば、その仏から教えを受けて疑念をなくすことができるはずだ。

舎利弗よ、あなたがたは心を一にして信じ、仏の言葉を受持しなさい。諸仏の言葉に虚妄《いつわり》はない。仏の教えは一仏乗のみであって、それ以外にないのだ」

以上のように語られたあと、世尊は補足するために次のような詩を説かれた。

2—10a

「われはこれまで汝《なんじ》らに　汝らもまた仏道を、成就できると説かなんだ。
なぜ説かなんだかといえば　それを説く時節が至らぬため。
その時節が、いまやまさしく到来した　そこでじっくり大乗を説く」

世尊はなおも詩を続けられた。

2—10b

「舎利弗よ、まさに知るべし　われ、仏の眼で観《み》るに
六道の衆生は　貧苦にあえぎ、福なく智慧なく
迷いの世界に沈没し　次から次へと苦は絶えず
財欲・色欲・名誉欲、それらに執着するさまは　わが尾を愛するヤクさながら。
頭の上から足の先、全身これ貪欲となり　目は盲《めしい》て何も見ず
偉大なる仏と　その仏が、教えし苦を断つ法を求めずに
もろもろの邪見に深入りし　苦をもって苦を捨てようとするばかり。

かかる衆生のための故　われは大慈大悲の心を起こせり。
われ菩提樹《ぼだいじゅ》の下に坐し　坐禅をしたり経行《きんひん》し
三七、二十一日のそのあいだ　かくのごとくに考えた
〈わが得た智慧は　深遠で、最上にして第一なり。
しかるに衆生の素質は下劣　快楽に溺れ、智慧なく盲《めしい》す。
かかる衆生を　いかにして度することができようか〉
そのとき、もろもろの梵天《ぼんてん》と　それからもろもろの帝釈天《たいしゃくてん》
世界を守護する四天王　さらには大自在天
ならびにその他の天人と　その眷属の百千万
恭《うやうや》しく合掌礼拝し　われに法を説けと要請す。
われはそこで考えた　〈もしただ一仏乗をのみ称讃せば
衆生は苦に沈没する故に　その教えを信ずることは不可能。
法を破って信ぜざる罪故に　地獄・餓鬼・畜生の世界に堕ちること必定。
われはむしろ法を説かずして　このまま涅槃に入るがよき〉
そしてそのあと考えた、過去の諸仏はみながみな　方便力を行じたり
われもいま、悟りし道を　三乗に区別して説くがよし。

われがかく思い至ったそのときに　十方世界より諸仏が来現し
美しき音声《おんじょう》をもてわれを慰撫《いぶ》し　『善《よ》きかな、善きかな、釈迦仏よ
第一の導師よ　無上の法をあなたは得られたが
過去の諸仏のなされた通り　方便力による教化をされる。
われら過去の諸仏もみな　最妙にして第一の法を得たが
もろもろの衆生のために　区別して三乗を説いたのだ。
智慧少なき者は小乗に執着し　自身が仏となれることを信じない
それ故うまく方便を講じ　三乗によりそれぞれが得られる果報を説いたのだ。
だが、三乗に分けて説いても　窮極は菩薩のための教えなり』
舎利弗よ、まさに知るべし　そのときわれは、聖なる獅子《しし》なる仏たちの
深く浄《きよ》くすばらしき声を聞きて　喜んで『南無仏』と称《とな》えたり。
それからかくのごとくに考えた　〈われ、濁悪《じょくあく》の世に出現せし故に
過去の諸仏の説かれたごとく　われもまたそを踏襲すべき、と〉
これらのことを考えて　すぐさま波羅奈《はらない》（ヴァーラーナシー）の地に行けり。
一切事物がそのままに、真実なりということは　言葉でもっては説けない故
それを方便力により　われは五比丘を相手に説いたのだ。

これぞ初転法輪《しょてんぼうりん》と呼ばれるものである」

2―10c

世尊は、詩の最後をこう結ばれた。

「舎利弗よ、まさに知るべし　かくのごときが諸仏の教え
万億の方便により　それぞれにふさわしき法を説く。
いまだ学びの足らぬ者　すとんとこれが腑《ふ》に落ちぬ
されど汝ら、もうすでに　もろもろの仏や師が
方便うまく使われる　それを知って疑わず
心の底から歓喜せよ　われらはみんな、仏となる身なりと知りなさい」

3　三界は火宅なり（譬喩品《ひゆほん》第三）

3—1

そのとき、舎利弗《しゃりほつ》（シャーリプトラ）は、躍り上がるがごとくに喜び、起《た》ち上がって合掌し、世尊の顔を仰ぎ見て、このように語った。

「いま、世尊から教えを聴聞し、心はかつてない躍動を覚えました。なぜかといえば、昔、わたしは世尊から教えを聴聞したとき、菩薩《ぼさつ》の方々が未来において仏となることが予言されたのを見ましたが、しかしながらわれわれに対しては何も言ってくださらないので、われわれには仏になるための無量の智慧が欠けているのだと悲しく思っていました。

世尊よ、わたしはいつも独りで山林の樹下にあって、こんなふうに考えていました。

〈われわれだって菩薩たちと同様に、仏法の真実に到達できるはずなのに、どうして如来はわれわれを小乗の教えでもって救済しようとされるのか〉と。

だが、これはわれわれがまちがっているのであって、世尊がまちがっておられるのではありません。なぜなら、もしもわれわれが最高・窮極の悟りに到達できる道を仏が説かれるのを待っていれば、仏は必ずわれらを大乗でもって救済されたに違いありません。ところがわれわれは、仏が人々を教化するために段階的な教えを説かれているのだとは知ることなく、仏が最初に教えられたものを聞くと、早速そのまま信じ込んで、浅はかな考えでもって悟りを得たつもりでいたのです。世尊よ、わたしは昔からずっと、昼夜を問わず自責の念に駆られていました。けれども、いま、かつて聴聞したことのない教えを仏から聞き、さまざまな疑いは晴れ、身も心も泰然とし、安穏になることができました。かくて今日はじめて、われは真の仏子なり、仏の口から生まれた者、仏法より生じた者であり、仏法の一部を獲得できたということが分かったのです」

3―2

そのとき、仏は舎利弗に告げられた。

「わたしは、いま、天人・人間・沙門《しゃもん》（出家修行者）・婆羅門《ばらもん》（婆羅門教の祭司階級）といった大勢の人たちの前で説く。昔、わたしは二万億の仏のもとで、無上の悟りを得させるためにそなたを教化した。またそなたは、久しき期間にわたってわれに従って教えを受けた。わたしは方便によってそなたを教え導いたが故に、そなたはここでわたしの教えを受けることができたのである。

舎利弗よ、昔、わたしはそなたに仏道を歩む 志《こころざし》を持たせたのであるが、それをそなたはすべて忘れてしまって、自分勝手にみずから涅槃《ねはん》に達したと思っている。わたしはいまそなたに、過去世においてそなたが正しい誓願にもとづいて行じていた仏道を思い出させる目的で、もろもろの声聞《しょうもん》たちに、『妙法蓮華』と名づけられ・菩薩のための教え・仏が大事に護持しておられる大乗の教えを説いたのだ。

舎利弗よ、そなたは未来の世に、数えることのできない長い時間ののちに、その間、千万億の仏を供養し、正法《しょうぼう》を受持して、菩薩が歩むべき道を歩んだのちに、まさしく仏になることができよう。その仏の名を華光《けこう》如来といい、その仏国土を離垢《りく》という。その国土は平坦で清浄・荘厳《そうごん》・安穏・豊楽《ぶらく》、天人たちも人間もみな精気があふれている。大地は瑠璃《るり》造りで、道路は縦横に走り、黄金の縄でもって境界が示され、道路の両側には七宝の樹の並木があって、常に果実がみのっている。

華光如来もまた、衆生を教化するため三乗を説かれるであろう。舎利弗よ、華光如来が出現されるときは悪世ではないが、過去世の誓願があるがために三乗の教えを説かれるのだ。華光如来がおいでになる長い長い時間を〝大宝荘厳《だいほうしょうごん》〟時代と名づける。なぜか？ その国においては菩薩を大宝とするからである。その国の菩薩の数は無量であって、数えることができない。

数えることができるのは仏だけだ。その菩薩が歩くときには、宝華《ほうけ》が現われてその足を受けとめる。もちろん、その菩薩たちは、ここで初めて発心《ほっしん》したのではなく、みなすでに久しく徳を積み、無量百千万億の仏のもとで仏道修行をなして諸仏から称讃され、常に仏の智慧を修め、神通力《じんずうりき》（超能力）を獲得し、さまざまな仏教教義に通暁し、質朴《しつぼく》、正直、志操堅固である。このような菩薩がその国に充満しているのだ。

舎利弗よ、華光仏の寿命は劫《こう》を十二倍した時間である。ただし、仏になる前に王子であった時代は除く。その国の人たちの寿命は劫を八倍したもの。華光如来はその寿命の最後に、堅満《けんまん》菩薩に未来における成仏を予言なされ、比丘《びく》たちにこう告げられる。

『この堅満菩薩はわたしの次に仏になるであろう。その仏の名を〝華足安行《けそくあんぎょう》〟といい、その仏国土の名も同じである』

舎利弗よ、この華光仏が入滅されたのち、正法の時代は劫を三十二倍した時間、像法《ぞうぼう》の時代も同じだけ続くであろう」

3―3

そのとき、その場にいた人々――比丘・比丘尼《びくに》・優婆塞《うばそく》・優婆夷《うばい》と、天竜八部衆《てんりゅうはちぶしゅう》――は、舎利弗が仏前において授記されたのを見て、躍り上がらんばかりに歓喜した。彼らは、それぞれ上衣を脱いで仏に供養した。帝釈天《たいしゃくてん》と梵天《ぼんてん》たちをはじめとする無数の天人は、天の衣服や天華《てんげ》をもって仏に供養した。その天の衣服は空中に舞い、天人たちは天の音楽を演奏し、天華を雨と降らせて、このように言った。

「昔、仏は波羅奈《はらない》（ヴァーラーナシー）において初めて法輪を転じられましたが、いま、またここで、無上にして最大の法輪を転じられました」

3――4

そのとき、舎利弗は、仏に申し上げた。

「世尊よ、わたしはいま、仏の前《みまえ》において記《き》（未来成仏の予言）を受けることができ、すっかり疑惑はなくなりました。けれども、ここにいる千二百の阿羅漢《あらかん》は、昔、修行の途中にあって、仏から、

『わが教えは、よく生・老・病・死の苦を克服して窮極の涅槃に到達できるものだ』

と教わりました。そこで彼らは、自我に対する執着と、死後に対するまちがった見方を捨てることができたのをもって、涅槃を得たと思ってしまいました。ところが、いま、世尊からこれまでお聞きしたことのない教えを拝聴して、みなは懐疑につつまれています。どうか世尊よ、ここにいる人たちに詳しい謂《いわ》れを説いて疑いをなくしてやってください」

3―5

　すると仏は、舎利弗に告げられた。

「わたしはすでに語ったはずだ。諸仏がさまざまな因縁話と譬喩《ひゆ》、言葉を駆使して、方便の教えを説かれたのは、すべての人に最高・窮極の悟りを得させんがためだと。仏が説かれることはすべて、菩薩を教化するための教えなのだ。それはそうだが、だが舎利弗よ、わたしはいま、まさに譬喩を使ってそのことを明らかにしよう。智慧ある者は、譬喩によって理解力が深まるからである。

　舎利弗よ、ある国、ある村、ある聚落《じゅらく》に大長者がいたとする。その財産は莫大《ばくだい》、田や屋敷を持ち、使用人も大勢いたが、老齢であった。その家は広大であったが、門は一つしかない。多数の人々、百人、二百人、いや五百人がそこに住んでいた。しかしその建物は老朽化し、垣根も壁も崩れ、柱の根は腐り、梁《はり》も棟《むね》も傾いて危険な状態にあった。そこに火事が起き、火はすぐさま燃え拡がり屋敷を焼く。その家の中に、長者の子が十人、二十人、三十人もいた。長者は燃え拡がる火勢を見て、恐れおののいてこう考えた。

〈わたしだけであれば、焼けつつある門から安全に逃げ出すことができるが、子どもたちは火宅の中にいて、火事に気づかず、知らず、驚かず、怖れず、嬉々《きき》として遊んでいる。火は身に

迫り、苦痛が迫っているのに、心はそれをいやがることなく、外に逃げようとする気もない〉

舎利弗よ、次に長者はこう考えた。

〈わたしには身にも腕にも力がある。だから子どもたちを腕にかかえて脱出しよう〉

しかし、さらにこう思い直した。

〈この家にはただ一つの門しかない。しかも狭い門だ。子どもたちは幼少で、火事の怖さも知らず、遊びに夢中になっている。だとすれば、腕にかかえたのでは落ちこぼれて、焼け死にする危険がある。わたしは、まずは火事の恐ろしさを説かねばならない。この家はもう焼け落ちる。すぐに脱出して、焼け死ぬことのないように〉

このように考えて、すぐさま子どもたちに告げた。

『子どもたちよ、すぐさま逃げ出せ』

父は憐愍《れんびん》の情から言葉をかけて誘い出そうとしたが、子どもたちは遊びに夢中で、父の言葉を聞こうとせず、驚かず、恐れず、脱出する気はない。いや、いったい火とは何か、燃える家とは何か、失う物は何かを知らず、右に左に走り回って、ぼんやりと父を見るだけであった。

そのとき、長者はこう考えた。

〈もうすでにこの家は大火に焼かれてしまっている。わたしも子どもたちも、いますぐ脱出しないと、必ず焼け死んでしまう。だから、いま、わたしは方便を講じて、子どもたちを災害か

ら救ってやろう〉

父はかねてより、子どもたちがそれぞれ自分の好きな玩具に心を向けていることを知っていたので、こう呼びかけた。

『おまえたちが欲しがっていた玩具を手に入れる機会は、めったにないよ。いま、それを手に入れないと、きっとあとで後悔する。門の外に、いろんな羊の車・鹿の車・牛の車があるよ。それを手に入れて、それでもって遊びなさい。さあ、おまえたちはすぐさまこの火宅から外に出なさい。そうすれば、みんなに欲しがっていた車をあげるからね』

そうすると子どもたちは、父が言った珍しい玩具をかねがね欲しいと思っていたので、心をはずませ、互いに相手を押しのけるように争いながら、われ先に火宅を脱出した。

このとき、長者は街道の四辻の露地に坐り、子どもたちが安全に脱出し、怪我もしていないのを見て、安堵し、心が躍り上がって歓喜した。すると子どもたちが口をそろえて父親に言った。

『お父さん、約束の玩具、羊の車・鹿の車・牛の車をわたしたちにくださいよ』

舎利弗よ、そのとき長者はすべての子どもに同じ大きな車を与えた。その車は高く、広く、さまざまな宝で飾られ、周囲には柵《さく》があり、四面に鈴が懸けられている。また掛けられた覆いは珍しい宝で飾られている。宝のついた縄が張られており、花飾りの房《ふさ》が垂らされ、豪華な敷物が敷かれ、赤い枕が安置され、白い牛がそれを牽《ひ》く。その白牛は皮膚の色がよく、姿もよく、筋力も強い。揺れずにまっすぐ歩き、風のごとくに走る。多くの下男がこれに従い護衛する。なぜかといえば、この長者は無量の財産を持ち、その蔵《くら》に財宝が充満していたからである。そして長者はこう考えた。

〈わたしの財産には際限がないから、安物の小さな車を子どもたちに与えることはできない。いま、この幼き者たちは、全員がわが子であるから、依怙《えこ》贔屓《ひいき》はない。わたしには七宝の大車が無数にある。それ故、差別せずに平等に全員にこれを与えよう。わたしが国全体の人々にこれを支給したところで、足りないということはない。ましてや子どもたち全員に与えるぐらいは、なんでもないことだ〉

かくて子どもたちはみんな大きな車に乗って、かつて経験したことのない予想外の喜びにあふれた。

舎利弗よ、そなたはどう考えるか？　この長者は子どもたちに平等に珍宝の大車を与えた。これは嘘をついたことになるであろうか？」

舎利弗は答えた。

「世尊よ、そうではありません。この長者は子どもたちを火事の難から免れさせ、その身を安全にしてやっただけでも嘘をついたことにはなりません。どうしてかといえば、身体・生命が助かりさえすれば、すでに望みの玩具を得たも同然だからです。ましてや、この場合は、彼らを火宅より救済するために方便を講じたのです。世尊よ、かりにこの長者がちっぽけな車の一つさえ与えなかったとしても、それでも嘘をついたことにはなりません。なぜなら、この長者は最初に、

〈わたしは方便を講じて子どもたちを脱出させよう〉

と考えたからです。そうした理由《わけ》があるから、嘘をついたことにならないのです。ましてや長者は、自分の財産が無量であると知っていて、子どもたちの利益のために、平等に大車を与えたのですから……」

仏は舎利弗に告げられた。

「そうだ、そうだ、そなたの言う通りである。

舎利弗よ、如来《わたし》もまたこの長者と同じなんだよ。すなわち、如来はこの世界における父であり、もろもろの恐怖・悩み・憂い・無知から完全に解放されていて、無量の知見と超能力と智慧を成就し、大慈悲心にあふれ、常に怠ることなく善を求め、一切衆生に利益を与えている。にもかかわらず、如来がこの世界において老朽せる火宅に生きているのは、生・老・病・死・憂《う》・悲・苦・悩・貪《とん》・瞋《しん》・癡《ち》といった火に焼かれている衆生の、その燃える火を消し、教化して、彼らに最高・窮極の悟りを得させんがためである。

もろもろの衆生を見れば、彼らはいま述べたさまざまな煩悩《ぼんのう》の火に焼かれ、欲が強いために苦しんでいる。利欲に執着するが故に、現世においてはさまざまな苦を受け、来世には地獄・餓鬼・畜生に生まれて苦を受ける。かりに天上界や人間世界に生まれても、貧困の苦しみ・愛する者との別離の苦しみ・怨み憎む者に会わねばならぬといった、いろんな苦を受ける。衆生はその苦悩のうちに沈澱《ちんでん》しながら、その苦悩に気づかず・知らず・驚かず・怖れず、むしろ喜び、遊び戯れている。衆生は苦悩のうちにあって、その苦悩を厭《いと》うことなく、それからの脱出・解脱《げだつ》を求めず、この三界の火宅の中で東西に走り回り、大きな苦しみに遭ってもそれを患《うれ》うことがない。

舎利弗よ、仏《わたし》はこのような衆生を見て、このように考えた。

〈わたしは衆生の父であるから、彼らの苦を抜き、仏の無限の智慧を与えて、その仏の智慧でもって遊び楽しませてやろう〉

舎利弗よ、如来《わたし》はまたこのように考えた。

〈もしわたしが、方便を講じて彼らを救うことをやめて、ただ神通力と智慧の力のみをもって衆生を救わんとして、如来が有する知見と超能力を称讃するなら、衆生の済度は不可能である。なぜかといえば、もろもろの衆生はいまだ生・老・病・死・憂・悲・苦・悩から免れず、三界の火宅の中で焼かれているからである。そのような彼らが、どうして仏の智慧を理解すること

ができようか〉

舎利弗よ、かの長者は、身や腕に力があっても、それを用いなかった。巧妙な方便を講じて、まず子どもたちを火宅の難から救出してやって、そのあとで各自に珍宝の大車を与えた。如来《わたし》もまた同じである。わたしにはすばらしい力があるが、しかしそれを用いず、ただ智慧と方便のみでもって衆生を三界の火宅より救出せんとして、そのために声聞乗《しょうもんじょう》・縁覚乗《えんがくじょう》・菩薩乗《ぼさつじょう》の三乗を説いて、このように言った。

『あなたがたは、この火宅の三界に執着してはいけない。五官の歓楽に耽《ふけ》ってはならない。もし執着し、欲に溺れるなら、たちまち火に焼かれよう。あなたがたはすみやかに三界を出て、声聞乗・縁覚乗・菩薩乗の三乗を求めよ。わたしはこのことをあなたがたに責任を持って断言し、あなたがたがあとで後悔することのないようにしよう。あなたがたは、ただ修行・精進すべきである』

如来《わたし》は、このような方便でもって衆生を導き、そしてこう言った。

『あなたがたは、この三乗の教えが、聖者の称讃されるものであることを知らねばならぬ。あなたがたはこの三乗の教えによって、自由に、束縛なく、不満なく娯《たの》しむことができる。そして煩悩の汚れをなくし、さまざまな能力を身につけ、精神統一・解脱・瞑想等を楽しみ、計り知れぬ安穏と快楽《けらく》を得ることができるのだ』

舎利弗よ、智力に勝《すぐ》れた衆生がいて、仏の教えを聞いてそれを信受し、ひたすら精進を重ね、すみやかに三界を出て涅槃に入ることを求める者がいれば、そのような人を声聞乗という。羊車を求めて火宅から脱出した子どもと同じである。

また、仏の教えを聞いてそれを信受し、ひたすら精進を重ね、自然界の理法を理解しようとし、孤独で静寂の環境を楽しみ、よく事物の因縁を知る衆生がいれば、そのような人を縁覚乗という。鹿車を求めて火宅から脱出した子どもと同じである。

また、仏の教えを聞いてそれを信受し、仏道修行に精進し、一切を知り、自利を求めない仏の智慧と、如来が有する知見と能力を求め、無数の衆生を憐愍して安楽ならしめんとし、天人や人間に利益を与え、一切衆生を済度しようとする人がいれば、それを大乗と名づける。菩薩はこの大乗を求めるが故に、菩薩はまた大士《だいじ》と呼ばれる。牛車を求めて火宅から脱出した子どもと同じである。

舎利弗よ、かの長者は子どもたちが無事に火宅を脱出して安全な場所に来たのを見て、自身の財産に限りのないことを考えて、子どもたちの全員に平等に大車を与えたが、如来《わたし》もまた一切衆生の父であるから、同じようにする。もしも数限りなき衆生が仏の教えでもって、この三界の苦しみ・恐怖から逃れ出て、涅槃の安楽を得たのを見れば、如来《わたし》はそのとき、こう思うだろう。

〈わたしの智慧と能力は無限であり、過去の諸仏が説かれたと同じ無数の教えがある。一切衆生はみなわが子であるから、すべてに平等に大乗を教え、ただ特定の人間のみが涅槃に入れるのではなく、すべての人がみな如来が到達できる涅槃の境地に入れるようにしてやろう〉

かくて、このもろもろの衆生のうち火宅の三界から逃れ出た者には、全員に仏が味わうことのできる精神統一と精神的自由が得られる楽しみを教えた。それは、聖者によって称讃されるものであり、三乗の差別がなく、清浄にして絶妙、第一の楽を生ずるものである。

舎利弗よ、かの長者は、最初は三つの車でもって子どもたちを誘い、そのあと、宝石でもって飾り立てられた、危険のない、大きな車だけを与えられた。しかし、この長者は嘘をついたのではない。それと同じく、如来《わたし》もまた嘘をついたことにはならないのだ。わたしは最初、三乗を説いて衆生を導いたが、のちにはただ大乗だけでもって衆生を済度する。なぜなら、如来《わたし》の智慧と能力は無限であり、過去の諸仏が説かれたと同じ無数の教えがあるのだから、すべての衆生に大乗の教えを教えることが可能なのだ。ただし、衆生は、その教えの全部が全部を受けることはできない。

舎利弗よ、以上の謂れでもって、諸仏は方便のために一仏乗を区別して三と説いたのだと知りなさい」

3——5a

仏はいま述べられたことを、詩の形でもって繰り返されました。ところで、散文と詩では、いささか違っているところがあります。その違った部分だけを紹介します。

「たとえば長者が　大きな屋敷に住んでいた。
けれども屋敷は古くなり　あちらこちらにがたが来た。
屋根は高いが危くて　柱の根元は腐ってる
梁《はり》や棟《むね》は傾き歪《ゆが》み　昇る階段がたぴしだ。
垣根も壁も崩れ落ち　壁土《かべつち》あちこち剝《は》げており
覆《おお》いの苫《とま》はぼろぼろで　垂木《たるき》も廂《ひさし》もちぐはぐで
周囲の垣《かき》は曲がってる　あたり一面汚物があふれ
五百の人が　そこに住む。
とんびや梟《ふくろう》、鷹《たか》や鷲《わし》　烏《からす》にかささぎ、鳩《はと》・家鳩《いえばと》
とかげに蛇《へび》、蝮《まむし》に蠍《さそり》　むかでやげじげじ
いもりに歩行虫《おさむし》　いたちや狸《たぬき》、鼠《ねずみ》や二十日鼠《はつかねずみ》
悪い虫どもたくさんに　ほしいままに駆け回る。

大便、小便、流れ落ち　臭気がぷんぷん
その上に　わいた蛆虫《うじむし》這い回る。
狐《きつね》・狼《おおかみ》・野狐《のぎつね》が　汚物を食べたり踏み散らし
食べた屍体の　骨肉が、あたり一面散乱す。
そこに犬ども群集し　互いに争い、牙《きば》をむく
飢えて疲れて、こわがって　食を求めてあちこちで
闘い争い、奪い合い　啀《いが》み合ったり、吠えわめく。
長者の家は変わり果て　かくも恐怖の場所となる。
家のあちこち、どこかしこ　魑魅魍魎《ちみもうりょう》が棲《す》んでいて
夜叉《やしゃ》や悪鬼も棲みついて　人肉食《くら》って舌舐《したなめず》り。
毒虫の類《たぐい》や　もろもろの悪しき鳥たち獣《けもの》たち
卵をかえし、乳を飲ませて生み育て　自分の子どもは守っているが
そこに夜叉がやって来て　ご馳走さまと食らい付く。
すでに満腹したりしが　悪心なおも消えやらず
闘争の声あちこちに　怖ろしきこと限りなし。
クンバーンダなる名の悪鬼ども　泥土の上にうずくまり

ときには跳躍　一尺、二尺
右や左に駆け回り　勝手気ままに遊んでる。
犬の両足つかまえて　殴り倒して声も出させず
頸《くび》を絞め上げ　犬を虐《いじ》めておたのしみ。
またもろもろの悪鬼あり　でっかい体で
痩《や》せっぽの丸裸　いつも屋敷に棲んでいて
悪声はりあげ　食を求めて叫んでる。
またもろもろの悪鬼あり　その咽《のど》細く、針のよう
またもろもろの悪鬼あり　頭を見れば牛のよう
あるいは人の肉を食い　あるいは犬の肉を食う
頭髪乱れて蓬《よもぎ》のごとく　凶暴・残忍・危険なり
飢えと渇きに迫られて　叫喚《きょうかん》しつつ飛び回る。
夜叉と餓鬼　またそのほかの悪鳥・悪獣
飢えのあまりに走り来て　窓から中を覗《のぞ》いてる。
かくも多くの災難・危難　恐ろしいことかぎりなし。
この老朽のお屋敷の　その持ち主はただ一人。

その人、ちょっと外出し　それほど時間もたたぬうち
そのあと彼のお屋敷に　突然として火が起きて
あたり一面、火の海で　炎が盛んに燃え上がる。
棟《むね》・梁《はり》・垂木《たるき》・柱はみな　爆発するやら震動し
砕けて落ちて　さらにまた、垣根も壁も崩壊す。
そこでもろもろの鬼神ども　大声あげて大わめき
鷹《たか》や鷲《わし》や猛禽《もうきん》や　クンバーンダなる悪鬼ども
あわてふためき　逃げんとするも逃げ出せず。
悪い獣《けもの》や毒虫は　あちこちの穴に入り込み
人喰い鬼も　同じく穴に逃げ込んだ。
されど彼らは悪業の故　猛火に迫られ苦しんで
互いに相手を殺害し　肉を食ったり血をすする。
小さな獣《けもの》の野狐は　すでにとっくに死んでいる
大きな悪い獣《けもの》たち　競い合っては肉を食う。
屍臭にみちたその煙　あたり一面にふんぷんする。
むかでやげじげじ　毒蛇の類

火に攻められて　穴を出る
出てきた奴《やつ》をクンバーンダ　手当り次第に取って食う。
またもろもろの餓鬼たちは　頭の上で火が燃えて
飢えと渇きと熱さ故　あわてふためき、もだえて走る。
その屋敷はこのように　はなはだ恐ろしきありさまだ。
毒の害やら火災やら　その災難はいくばくぞ」

3―5b

詩でもって語る世尊の説法は続きますが、散文と同じ部分は省略します。

次に世尊は、この『妙法蓮華経』を誹謗《ひぼう》する者が未来世において受ける罪報を語られます。謗法者《ほうぼうしゃ》は必ず地獄に堕《お》ち、その地獄から脱出できたとしても、次には畜生道に堕ちます。そして、かりに彼らが人間界に生まれても、不幸な人生を送るはめになります。

そう語ったあとで、世尊は舎利弗に告げられました。

「では舎利弗にわれは告ぐ　この経を謗《そし》り貶《けな》す人たちの
その罪報をもし説かば　果たして語り尽くせるか。
だからそれ故　汝《なんじ》に語る

無智なる人を相手には　説いてはならぬぞ、この経を。
もしも利発な人がいて　その智慧なかなかすばらしく
多くを聞きてよく覚え　仏道求める者あらば
かくのごときの人にこそ　説いて聞かせてやりなさい。
もし人ありて、その昔　億百千の仏に会い
その後、さまざま善を積み　信心深く意志堅固
かくのごときの人にこそ　説いて聞かせてやりなさい。
もし人ありて精進し　常に慈悲の心を修しつつ
身命惜しまぬ人ならば　説いて聞かせてやりなさい。
もし人ありて、恭敬《くぎょう》して　心は純で率直で
凡俗・愚者と交わらず　山や沢に独居する
かくのごときの人にこそ　説いて聞かせてやりなさい。
また舎利弗よ、聞きなさい　もし人ありて
悪しき友人、捨て去って　善友だけと交際す
かくのごときの人にこそ　説いて聞かせてやりなさい。
もしも仏子が　よく戒を、保ちて清浄

珠《たま》のごとくに純心で　大乗の教えを求める者あらば
かくのごときの人にこそ　説いて聞かせてやりなさい。
もし人ありて怒りなく　性格まっすぐ柔和なり
常に他人を思い遣《や》り　諸仏を敬う者あらば
かくのごときの人にこそ　説いて聞かせてやりなさい。
またその人が仏子なり　大勢の人を前にして
清浄なる心もて　因縁話もさまざまに
譬喩もうまいし表現適切　自在に説法するならば
かくのごときの人にこそ　説いて聞かせてやりなさい。
もしその人が比丘にして　仏の智慧を得んとして
教えを四方に求めては　合掌・礼拝、それを受け
ただし受けるは　大乗の経のみ
大乗以外の経なれば　たったの一句も受けざる人
かくのごときの人にこそ　説いて聞かせてやりなさい。
もしその人が心から　仏の遺骨を求めるごとく
この経典を熱望し　得たのちそれを受持するが

けれどもその人　大乗以外の経は無視
さらにこれまで　一切の外道のものに目をやらず
かくのごときの人にこそ　説いて聞かせてやりなさい」

4―1

4　大乗に心を向ける（信解品《しんげほん》第四）

そのとき、須菩提《しゅぼだい》（スブーティ）と迦旃延《かせんねん》（カーティヤーヤナ）と摩訶迦葉《まかかしょう》（マハーカーシャパ）と目連《もくれん》（マウドガリヤーヤナ）の四人は、これまで聞いたことのない教えを仏より教わり、また世尊が舎利弗に、そなたは遠い将来に最高・窮極の悟りを得て仏になると予言されたので、かつてない喜びに心を躍らせた。彼らは座から立ち上がって、衣服を整えて右の肩をあらわにし、右の膝は地につけ、合掌し、身をかがめて世尊を礼拝し、そのお顔を見つめながらこう申し上げた。

「われわれは教団の長老であり、年も取っております。すでに涅槃《ねはん》の境地に達したから、それで十分と思って、それ以上の最高・窮極の悟りを求めようとはしませんでした。世尊はすでに長期にわたって、われわれに説法してくださいました。わたくしはその説法の座に連なっていたのですが、疲労困憊《ひろうこんぱい》するばかりで、ただ、すべては空《くう》であると観ずる瞑想、あらゆるものを差別せずに見る瞑想、欲を離れて物事を見る瞑想だけに専念するばかりでした。そのため、菩《ぼ》薩《さつ》たちが身につけた超能力でもって仏国土を浄め、衆生を導いていますが、われわれはそれと同じことを喜んでする気になれなかったのです。それはなぜかといえば、世尊はわれわれに、この三界を捨てることによって、涅槃の悟りが得られるようにしてくださったからです。そのためわれわれは涅槃の悟りに満足し、この老齢《とし》になるまで、仏が菩薩に教えておられる最高・窮極の悟りに心を動かすことがなかったのです。ところがいま、われわれは仏の前《みまえ》において、声聞《しょうもん》にも最高・窮極の悟りが得られるとの予言を聞いて、心はかつてない喜びにあふれています。この年になって、突如としてこのような教えを聞くことができるとは、思いもしませんでした。求めてもいなかった高価な珍宝を得るといった利得・僥倖《ぎょうこう》を喜んでおります」

4—2

「世尊よ、われわれはいま、譬喩《ひゆ》でもってこのことを明らかにしましょう。どうかお聞きください。

一人の男が、幼少のころに父を捨てて逃げ出し、他国に住んで、十年、二十年、あるいは五十年になります。そして男は、年を取るにつれてますます貧窮《ひんきゅう》し、衣食を求めてあちこちに走り回り、知らず知らずのうちに生まれ故郷に向かっていました。男の父親はずっと子どもを捜していたのですが、子どもに会うことができず、そのころはある都市に住んでいました。父親の家は大いに富み、財宝は無量、金・銀・瑠璃《るり》・珊瑚《さんご》・琥珀《こはく》・頗梨珠《はりしゅ》（水晶の珠）等が倉《くら》に満ち溢《あふ》れています。下僕・使用人・召使いもたくさんいて、象・馬・牛・羊や車も無数にあります。国内はもとより国外の人にまで金銭を貸して利息を得、出入りする商人やお得意先もまた多数でありました。

さて、貧乏な子は、あちこちの村落を放浪し、諸国を流浪したのち、ついに父親が住んでいる都市にやって来ました。父親のほうは、いつも子どものことを考えています。もっとも、子どもと別れて五十年以上になりますが、そのことを他人に語ったことはありません。ただ自分一人で考え、残念に思っていたのです。こんなふうに思っています。

〈わたしも年を取った。財産は多く、金・銀・珍宝は倉に満ちているが、子どもがいない。ここでわたしが死んでしまえば、この財産を相続する者がないので分散してしまうだろう〉

そんなことを考えて、いつもわが子のことばかり思っています。また、このように考えるのです。

〈もし子どもに再会できて、財産を譲渡できれば、わたしはどれだけ心が安らかになり、心配もなくなるだろうに……〉

世尊よ、そのとき、あの貧乏な子があちこちで雇われ人になりながら、偶然にも父の屋敷の前に来ました。門の側に立って遠くから父を見ると、父は獅子《しし》の毛皮を敷いた椅子に腰掛けて、宝玉で飾られた脇息《きょうそく》に足をのせています。大勢の婆羅門《ばらもん》やクシャトリヤ(王族)や資産家の人々が、うやうやしく彼を取り囲んでいます。彼は、千万の価値のある真珠の装身具で身を飾り、使用人や下僕が手に払子《ほっす》を持って左右に控えています。彼の椅子は宝の垂《た》れ絹《ぎぬ》で覆われ、華《はな》で作られた旗が垂れ下がっており、香水が地面に撒かれ、美しい花が散らされ、宝物が陳列されており、それを取り出して人々に与えているのです。このようにさまざまなものでもって飾られた雰囲気はおごそかであり、その人の威厳はすばらしかった。そこで貧乏な男は、権勢をほしいままにしている父を見て、とたんに恐怖を覚え、ここに来たことを悔やんで、こんなふうに思いました。

〈この人は国王か、それとも国王と同等の権力者であろうか。ここは、わたしのような者が雇われて、労賃が得られる場所ではない。もっと貧しい村に行って、努力をすれば、衣食の糧《かて》を容易に得られる土地があるであろう。こんな所に長居すれば、面倒なことになり、強制労働でもさせられるに違いない〉

そう考えて、彼は急いで走って逃げました。

一方、富める長者は、獅子の毛皮の椅子に坐していて、男を見たとたんにそれがわが子だと知り、心が喜びにあふれて、こう思いました。

〈倉に満てるわたしの財産を与えるところがようやく見つかった。わたしは常にこの子のことを思い念じてきたが、子どもを見つけることができなかった。だが、突然、子どものほうからやって来た。わたしの念願の通りだ。わたしは年を取ったもので、よけいに財産を譲ることに執着しているのである〉

そして、側にいる者を派遣して、急いであとを追いかけさせて、子どもを連れ戻そうとしました。そこで使者はすばやく駆けて行って男を捕まえたところ、貧乏な子は驚き、人違いだとして、こう叫びました。

『わたしは何も悪いことをしていません。なぜわたしが捕えられるのですか?!』

すると使者は、ますます強引に彼を連行します。そのとき、貧乏な子はこう思ったのです。

〈何の罪もないのに捕えられてしまった。これはきっと殺されるに違いない〉

かくていっそう恐怖が募り、気を失って地面に倒れてしまいました。父はその様子を遠くから見ていて、使者に言いました。

『この人には用はない。無理に連れて来ることはない。冷たい水を顔にかけて、目を醒《さ》ましてやれ。何も言う必要はないよ』

なぜかといえば、父は、その子の志《こころざし》の卑屈なことを見抜いたからです。父が大富豪であることが、かえって子どもを萎縮させていることを知って、明らかに彼がわが子であることが分

かっていても、方便のために、他人には、『これはわが子です』とは言わなかったのです。そこで使者はこの男に、

『おまえを解放してやる。どこなりと、好きな所に行くがいい』

と言ったところ、貧乏な子は滅多にない幸運を喜んで、地面より起き上がり、貧しい村に行って、そこで衣食の糧を得ました」

4―3

「次に長者は、その子を導かんがために方便を講じました。容貌風姿があまりよくなく、威厳もない二人の男を呼び寄せ、

『おまえたち二人はあの男のいる所に行って、このように語りなさい。ここに来れば仕事があるぞ。給金は二倍貰えるぞ、と。あの貧乏な男に来る気があれば、連れて来てここで働かせなさい。もしもどういう仕事かと問われれば、こう語りなさい。おまえさんを雇うのは、汚物を掃除させるためだ。われら二人も、おまえさんと一緒に働くことになっている』

と命じました。そこで二人は貧乏な男を捜して見つけ、言われた通りに話しました。すると貧乏人は先に給金を受け取って、二人と一緒に汚物掃除の仕事をはじめました。父親はわが子の姿を見て、かわいそうにと思い、また不思議な気がします。窓からわが子の様子を覗《のぞ》くと、

疲れ果て、やつれて、汚物にまみれて不浄です。そこで父は、装身具を外し、軟らかな上着を脱ぎ、その他の装飾も外して、垢染《あかじ》みた弊衣を着、わざわざ泥土で身を汚し、右手に汚物掃除の道具を持って、人を脅すような恰好をして、働いている人々に語りました。

『おまえたちよ、一生懸命に働いて、怠けることのないようにせよ』

父は方便を講じて、わが子に近づいたのです。そしてのちに、このように告げました。

『おい、下男よ、おまえはずっとここで働け。他所《よそ》に行ってはならぬぞ。ここにいれば、賃金も上げてやろう。おまえが必要とする台所道具も米・麺《めん》・塩・酢も、なにも心配せずともよい。また、年寄りの使用人もいるから、それにおまえの手助けをさせるとよい。そうすれば、その男の給金もおまえに支払ってやろう。ともあれ安心するがよい。わしはおまえの父親のようなものだ。心配は無用だよ。なぜなら、わしは年寄りだが、おまえは若い。おまえは働いているときに、他の使用人のように怠けたり、怒ったり、不平不満を言ったりするようなことはない。だからこれから以後、わしはお前を実子のように扱おう』

そして長者は、彼に〝息子〟といった名前をつけて与えたのです。

貧乏な男はそのような待遇を喜びはしましたが、それでもなお、自分は下賤な雇い人だと思っています。それ故、父親は彼に二十年間、汚物の掃除をさせました。その後、父と子は互いに理解し、信頼するようになり、子どもは父親の住居に自由に出入りするようになったのですが、なおもとの場所に住んでいます」

4―4

「世尊よ、それから長者は病気になり、自分の死期の近いことを知り、貧乏な男にこう語りました。

『わたしは金・銀・珍宝を数多く所有し、倉に満ちている。それがどれだけの量であるか、誰に何を与えればよいか、そなたは全部知っている。わたしはその管理をそなたにまかせようと思う。そなたはわたしの心を察知してほしい。なぜかといえば、わたしとそなたは、もう一心同体であるからだ。よくよく注意して、財産の損失を防いでほしい』

このような命令を受けて、貧乏な男がもろもろの金・銀・珍宝と倉庫を管理するようになったのですが、しかしたったの一度の食事の費用さえ、そこから支払うことはありませんでした。しかも住んでいる場所はもとのままで、その卑屈な心もなかなか捨てきってはいません。ところが、しばらくして、父は、わが子の心がようやくにしてひろびろとし、ゆったりとしてきたのを知ります。大きな志を持ち、かつての自分の心が卑屈であったことを自覚するようになったのです。そこで長者はわが子に命じて、親族・国王・大臣・クシャトリヤ・居士を招集させ、彼らが来訪するや、こう宣言しました。

『みなさん、知っていただきたいのですが、これはわが子です。わたしの実子なんです。かつて何々という名の都市にいたのですが、この子はわたしを捨てて逃げ去り、あちこち放浪し苦労すること五十余年。この子のもとの名は某《なにがし》で、わたしの名は某《なにがし》。昔、もとの都市にいたとき、心配し、捜し回っていたのですが、ここに来てようやく、たまたまこの子に会うことができました。これはまさしくわが子です。わたしはこれの父です。いま、わたしが有する全財産は、すべてこの子のものです。これから先、全財産の管理はこの子がします』

世尊よ、これまで聞いたことのない父親の言葉を聞いて、貧しき男は大いに喜び、次のように思いました。

〈わたしは、このようなことを願いもしなかったのに、いま、宝の蔵が自然にこちらにやって来た〉と」

4――5

「世尊よ、富める大長者とは如来です。わたしたちはみな、仏の子です。如来は常に、わたしたちが仏の子だと説いてくださったからです。

世尊よ、わたしたちは、この世においてはすべてのものごとが思うがままにならないにもかかわらず、それを思うがままにしようとして、苦しみ、悩み、迷い、また無知にして、それらから逃れるためにつまらぬ教えを信奉してまいりました。今日にいたるまで、われわれは世尊から、よく考えて、受けた教えのうちから無意味で役に立たない塵芥《ちりあくた》の部分を除くようにと教わり、わたしたちはそのことだけに専念し、努力し、涅槃に到達するためのたった一日分の労賃だけを得たのです。そしてそれが得られたために大喜びをし、それでもって自己満足をしてしまいました。すなわち、自分で自分にこう言い聞かせたのです。

『われらは仏法に精進したから、得るところがかくも大きかった』と。

にもかかわらず世尊は、わたしたちの心がつまらぬ欲に執着し、劣った教えに心を向けていることをとっくにご存じであって、それ故わたしたちを捨てておかれ、

『おまえたちは、如来の知見と宝の蔵を求めねばならない』

とは教えてくださいませんでした。世尊は方便の力でもって如来の智慧を説かれていたのですが、わたしたちは、世尊から涅槃に達するためのたった一日分の労賃を得て、それで大いに得たと錯覚して、大乗の教えに心を向けることがなかったのです。わたしたちはまた、世尊が菩薩のために如来の智慧でもって説法されているのを知りながら、その教えに自発的に志願しなかったのでした。どうしてかといえば、世尊はわたしたちの心が小乗に向かっているのを知っておられたから、方便の力によってわたしたちにふさわしい教えを説いてくださっていたのに、わたしたちのほうで自分たちは真の仏子だということに気づいていなかったためです。だ

が、いま、わたしたちはまさに知ることができました。世尊は、仏の智慧において、決して出し惜しみをなさらなかったことを。なぜなら、われわれは昔からずっと真の仏子であったにもかかわらず、ただ劣った教えだけに心を向けてきたからです。もしわたしたちが大いなる教えに心を向けていたならば、きっと仏はわれらがために大乗の教えを説いてくださったに違いありません。

いま、この経の中では、一乗の教えのみを説いておられます。じつは昔は、世尊は菩薩たちの前で、小乗に心を向ける声聞たちを誹《そし》られましたが、実際は世尊はわれわれを大乗の教えでもって教化されていたのです。それ故、われわれは過去においては大いなる教えに心を向けることはなかったのですが、いま現在になってようやく、法の王ともいうべき大宝が手に入り、まさしく仏子が獲得すべきものを獲得しましたと、こう申し上げるのでございます」

5　草いろいろ（薬草喩品《やくそうゆほん》第五）

5—1

そのとき、世尊は、摩訶迦葉《まかかしょう》（マハーカーシャパ）をはじめとする大勢の弟子たちに語られた。

「そうだ、そうだ、その通りである。摩訶迦葉よ、そなたはよく如来の真の特性を説いた。たしかにそなたの言う通りである。けれども、如来には無限といってよいほどの特性があるのだから、あなたがたが無限に近い時間をかけてそれを語ったところで、決して言い尽くすことはできないのだよ。

摩訶迦葉よ、如来はすべての教えの王であるから、如来が説かれるものは何一つ虚妄《こもう》なものはないと知るべきである。如来はすべての教えを智による方便でもって説かれるから、その説かれる教えは、あらゆる人をして、一切の事象を知り尽くす智慧の境地にまで到達させることができるのだ。如来はすべての教えについて、その教えが人々をどこに導くのかをよく観察されており、またすべての衆生の心の奥底まで見通されているから、自由自在に衆生を導かれる。さらに、もろもろの教えを究め尽くして明瞭にし、もろもろの衆生に一切の智慧を示されるのだ」

5——2

「摩訶迦葉よ、たとえば、この全世界の山や川、渓谷、平地に生える草木、森林の樹、さまざまな薬草は、種類も多く、名前も形も違っている。そこに雨雲が大空いっぱいにひろがり、全世界を覆い、一時に、どこにも等しく雨を降らせる。その潤《うるお》いの雨はすべての草木、森林の樹、薬草の小根・小茎・小枝・小葉と、中根・中茎・中枝・中葉、また大根・大茎・大枝・大葉を潤し、もろもろの大樹や小樹はその上中下に応じてそれぞれ受ける分量が違っている。けれども、一つの雲によって降った雨は、その植物の種類に応じてそれぞれを生長させるのであり、それぞれの花を咲かせ、果を実らせるのだ。同じ一つの土地に生え、同じ一つの雨の恵みを受けたといっても、もろもろの草木には差があるようなものだ。

摩訶迦葉よ、よく知りなさい、如来もまたそれと同じであるのだ。如来がこの世に出現するのは、雨雲が空いっぱいにひろがるのと同じであり、如来がこの世界の天人・人間・阿修羅に大音声《だいおんじょう》をもってその出現を告げ知らせるのは、ちょうど雨雲が全世界、全国土を覆うのと同じである。かくて如来は、大衆《だいしゅ》に向かって宣言する。

『われは、これ如来である。未だ彼岸に渡らざる者を渡らしめ、未だ悟らぬ者を悟らせ、未だ安らかならざる者を安らかならしめ、未だ涅槃《ねはん》を得ぬ者に涅槃を得させるであろう。現在世と未来世をあるがままに知るが故に、われは一切を知る者・一切を見る者・道を知る者・道を開く者・道を説く者である。汝《なんじ》ら、天人・人間・阿修羅の衆よ、みな、ここに来るがよい、法を聴聞するために』と。

そして、千万億の無数の衆生は、仏の法座にやって来て教えを聴聞する。

如来はその際、衆生の素質に利発な者と鈍根の者、努力する者と怠け者の差があることを見て取り、それぞれが教えを実践できるように、種々さまざまな多数の教えを説いて全員を喜ばせ、すばらしい結果を得るようにさせたのだ。もろもろの衆生はその教えを聴聞して、現世においては安穏に、未来世には地獄界・餓鬼界・畜生界に堕《お》ちることなく、自分が生まれた場所で安楽に暮らし、そして仏法を聴聞することができるのだ。すでに仏法を聴聞したならば、もろもろの障害に煩わされることなく、それぞれの有する能力によって教えを実践し、だんだんに悟りが得られるようになるであろう。それはちょうど、あの大雲から降った雨が、すべての草木や森林の樹、薬草に降りかかり、それぞれが自分の種類や性質に応じて潤いを受け、生長するのと同じである」

5—3

「如来が説く教えは、一相・一味である。それはすなわち、解脱相《げだつそう》（生死の迷いから解脱して自由になること）・離相《りそう》（さらに解脱相からも離れること）・滅相《めつそう》（自他の区別がなくなり、天地自然と自己が一体となること）を説いたものであって、それによって窮極的にはもろもろの衆生を一切の事象を知り尽くす智慧に到達させるものである。

　ところが、この如来の教えを聴聞し、その教えを持《たも》ち・読誦《どくじゅ》し・修行をする衆生のほうは、自分がいかなる成果を得たかを知らないでいる。なぜかといえば、衆生の種類・相《すがた》・形体・性質、そして衆生が何を願い・何を考え・何を実践し、いかに願い・いかに考え・いかに実践し、いかなる教えでもって願い・いかなる教えでもって考え・いかなる教えでもって実践し、いかなる教えでもっていかなる教えを得たのか——といったことを知っておられるのは、ただ如来だけであるのだから。衆生が種々さまざまな段階にあることを、ただ如来のみがそれをあるがままに・はっきりと・こだわりなく見ておられる。

　それと同じく、草木や森林の樹、もろもろの薬草それ自身は、自分の性質が上・中・下のいずれであるかを知らないけれども、如来のほうはそれをよく知った上で、それぞれに一相・一味の教えを説かれるのだ。つまりそれは、解脱相の教え・離相の教え・滅相の教え・窮極の涅槃を得させる教え・大乗の見地から見た寂滅《じゃくめつ》の教えであり、最終的には空《くう》の教理になるのである。仏はあらゆることを十分に知り尽くしてはいるが、衆生の心が欲望に捕らわれているのを観察され、それを気遣うがために、いきなり一切の事象を知り尽くす智慧を説くことはないのだ。

摩訶迦葉よ、あなたがたが、如来がそれぞれの人にふさわしく説かれた教えを聴聞し、それをよく信じ、よく受持することは、なかなか希有《けう》なことだ。なぜなら、諸仏がそれぞれの人にふさわしく説かれた教えは難解であり、悟ることがむずかしいからである」

6 未来に対する保証（授記品《じゅきほん》第六）

6—1

そのとき、世尊は、大勢の衆に告げて、こう語られた。

「ここにいるわが弟子、摩訶迦葉《まかかしよう》（マハーカーシャパ）は、未来世において三百万億の諸仏に見《まみ》え、供養し、恭敬《くぎよう》し、尊敬し、称讃し、諸仏の偉大なる教えを伝え弘《ひろ》めるであろう。そして、最後には仏になる。その仏の名を〝光明如来〟という。その仏国土の名称は〝光徳〟、その仏が在世しておられる時代を〝大荘厳《だいしようごん》〟と名づける。その仏の寿命は劫《こう》を十二倍した長さ、その仏の説かれた正法《しようぼう》が存続する期間は劫を二十倍した長さ、その正法が頽《すた》れたあと、像法《ぞうぼう》といって正法にやや似た教えが存続する期間も同じである。その仏国土は荘厳《そうごん》であり、醜悪なものなく、石塊《いしころ》や棘《とげ》・茨《いばら》もなく、不浄な排泄物もない。土地は平坦で凸凹《でこぼこ》なく、窪地も丘陵もない。大地は瑠璃《るり》で出来ており、宝の樹が街道に並び、黄金の縄でもって道の境が示されている。宝石の華《はな》が散り落ち、隅《すみ》から隅までその国土は清浄である。また、その国にいる菩薩《ぼさつ》の数は何万何億か数えることができず、声聞《しょうもん》の衆も無数である。魔類や魔の民はいることはいるが、彼らは悪魔の所行をせず、むしろ仏法の守護者となる」

6―2

そのとき、目連《もくれん》（マウドガリヤーヤナ）と須菩提《しゅぼだい》（スブーティ）と迦旃延《かせんねん》（カーティヤーヤナ）の三人は、歓喜に身を震わせながら合掌礼拝し、世尊を瞬《まばた》きもせず仰ぎ見た。そして異口同音に次のような詩を唱えた。

「ああ、世尊よ、偉大なる勇士よ　釈迦族出身の法王よ。
われらに憐れみたれたまい　仏の声《みこえ》を聞かせてください。
われらの衷心《ちゅうしん》知ろしめし　われらに記《き》をくだされば
甘露《かんろ》をいただき　暑さを忘れ、すっきり爽やかなれるがごとし。
飢饉《ききん》の国より来たりし者が　宮廷の豪華な食膳に坐りしが
食べてよいのか悪いのか　それが分からず食べられず
けれども『食べるがよい』の王の言葉　その一言《ひとこと》で食べられる
われらはまさにそのごとし。　小乗の劣った教えに満足せしは、われらが過《とが》
されどわれらは知らなんだ、いかにして　仏の無上の智慧を得べきかを。

かつて仏が仰《おつしや》った　『汝《なんじ》らも、また仏とならん』の言葉を聞くも
それでも心は迷い、心配ばかり　それでご馳走いただけぬ。
もしも仏の授記をいただけば　われらの安心この上なし。
世尊は、偉大なる勇士なり　常に世間の人々を、安穏ならしめんと願いたまう
世尊よ、どうかわれらに授記されよ　飢えたる者が『食べるがよい』の言葉を待つように
われらはそれを待っている」

6―3

そのとき、世尊は、弟子たちの胸中を思い遣《や》られて、もろもろの比丘《びく》たちに告げられた。

「ここにいる須菩提は、未来世において三百万億をさらに何億兆倍もした数の諸仏に見《まみ》え、供養し、恭敬し、尊敬し、称讃し、常に仏道修行をなし、菩薩の道を歩んで、そして最後には仏となるであろう。その仏の名を〝名相如来《みようそう》〟という。その仏国土の名称は〝宝生《ほうしよう》〟、その仏が在世しておられる時代を〝有宝《うほう》〟と名づける。その仏国土は平坦で、大地は水晶で出来ており、宝の樹でもって飾られている。窪地や丘陵、石塊や棘、茨もなく、不浄の排泄物もない。宝石の華《はな》が大地を覆い、国土の隅々《すみずみ》まで清浄である。その仏国土の住民は、宝石の土台の上に建てられた立派な楼閣に住んでいる。声聞の弟子の数は無数であって数えることができない。菩薩

衆も千万億を億兆倍したほどの無数。仏の寿命は劫を十二倍した長さ、正法が存続する期間は劫の二十倍、像法の期間も同じ。その仏は常に虚空《こくう》にあって衆生のために法を説き、無数の菩薩と声聞を解脱《げだつ》させる」

6―4

それから世尊は、もろもろの比丘たちに告げられた。

「いま、わたしは、あなたがたに語る。ここにいる迦旃延は、未来世において、八千億の仏に供養し、仕え、恭敬し、尊敬するであろう。諸仏が入滅されたのちには、高さ千ヨージャナ（一ヨージャナは約十キロメートル）、縦・横がともに五百ヨージャナの仏塔を建立し、それを金・銀・瑠璃・硨磲《しゃこ》・碼碯《めのう》・真珠・玫瑰《まいえ》といった七宝でもって装飾し、その仏塔にもろもろの華《はな》や装身具、塗香《ずこう》・抹香《まっこう》・焼香を捧げ、絹の天蓋《てんがい》や旗・幟《のぼり》を寄進する。そしてそののち、二万億の諸仏を同様に供養するのだ。これら諸仏を供養したのち、菩薩の道を歩んで仏となることができる。その仏の名を〝閻浮那提金光如来《えんぶなだいこんこう》〟という。その仏国土は平坦で、大地は水晶で出来ており、宝の樹でもって飾られ、黄金の縄でもって道の境が示されている。妙《たえ》なる華《はな》が地面にびっしり、隅《すみ》から隅まで清浄であって、それを見る者は歓喜する。その仏国土には地獄・餓鬼・畜生・阿修羅の住む世界はなく、ただ天人と人間だけが多くいる。声聞や菩薩たちは数多く、万億もいて、その仏国土を荘厳ならしめている。仏の寿命は劫を十二倍した長さ、正法が存続する期間は劫の二十倍、像法の期間も同じである」

6—5

そのあと世尊は、また大衆《だいしゅ》に告げられた。

「わたしはいま、あなたがたに語る。ここにいる目連は、将来、さまざまな仏具でもって八千の諸仏を供養し、恭敬し、尊敬する。諸仏の滅後に、高さ千ヨージャナ、縦・横ともに五百ヨージャナの仏塔を建立し、それを金・銀・瑠璃・硨磲・碼碯・真珠・玫瑰といった七宝でもって装飾し、その仏塔に華《はな》・装身具・塗香・抹香・焼香を捧げ、絹の天蓋や旗・幟を寄進する。その後、さらに二百万億の諸仏を同様に供養したのち、仏となるであろう。その仏の名は〝多摩羅跋栴檀香如来《たまらばつせんだんこう》〟といい、その仏国土の名は〝意楽《いらく》〟、仏の在世の時代を〝喜満〟と呼ぶ。その仏国土は平坦であって、大地は水晶で出来ており、宝の樹でもって装飾されており、真珠の華《はな》が天より降り、隅から隅まで清浄であって、それを見る者は歓喜する。その仏国土に住む天人・人間・菩薩・声聞は数えられぬほど多数。仏の寿命は劫の二十四倍、正法が存続する期間は劫の四十倍、像法の存続する期間も同じく劫の四十倍である」

7　過去世の因縁（化城喩品第七《けじょうゆほん》）

7—1

仏は比丘《びく》たちに告げられた。

「はるかな昔、想像を絶するはるかな過去に、仏がおいでになった。〝大通智勝如来《だいつうちしょう》〟という名である。その仏国土を〝好成《こうじょう》〟と名づけ、仏の在世の時代を〝大相《だいそう》〟と呼ぶ。比丘たちよ、その仏が入滅されたのち現在にいたるまで、久遠《くおん》の時間がたった。譬喩《ひゆ》でもって語れば、全世界・全宇宙の構成要素を磨《す》り潰《つぶ》して墨汁《ぼくじゅう》にし、ある人が東の方角に歩んで千の仏国土を通過した地点に小さな点をつける。その点の大きさは目に見えぬほど小さい。そしてまた千の仏国土を通過して、そこに小さな点を打つ。それを墨汁がなくなるまで続ける。あなたがたはどう思うか？　その墨汁がなくなるまでに通過した仏国土の数を、数学者、あるいは数学者の弟子が計算できるであろうか？」

「世尊よ、それは不可能です」

「比丘たちよ、この人の通過した仏国土のすべて、点を打った所と打たなかった所をすべて合わせて磨り潰して塵《ちり》とし、その一つの塵を一劫《こう》としよう。かの大通智勝如来が入滅されてのち現在まで、その時間の長さは一劫を百千万億倍し、さらにそれを無数倍したほどである。しかしながらわたしは、如来が有する知見力でもって、その久遠の過去を、まるで昨日《きのう》、今日《きょう》の出来事のように見ることができる」

7―2

仏は比丘たちに告げられた。

「大通智勝仏の寿命は、劫を五百四十万億倍し、さらにそれを無数倍した長さ。かの仏は道場にあって魔の軍勢を降服させ、最高・窮極の悟りを得ようとされたのだが、それでも諸仏が悟られた真理に到達できなかった。そして、そのまま結跏趺坐《けっかふざ》して一劫から十劫のあいだじっと不動であったが、なおも諸仏の悟りに達しなかった。そのとき、忉利天《とうりてん》の神々は、この仏のために菩提樹《ぼだいじゅ》の下に高さ一ヨージャナの獅子座《ししざ》をしつらえた。仏がこの座において最高・窮極の悟りを開かれるようにと願ってである。仏がここに着座されたとき、もろもろの梵天《ぼんてん》たちは百ヨージャナ四方に天華《てんげ》を降らせた。香りよき風が、萎《しぼ》んだ天華を吹き去り散らせ、そして新しい天華を降らせる。このようにして十劫のあいだ間断なく仏を供養し、仏が入滅されるまで天華を降らせた。四天王たちは、常に天の鼓《つづみ》を打って仏を供養し、その他の天人たちも天の音楽を奏して、十劫のあいだ、仏が入滅されるまで、このようにした。

比丘たちよ、かくて大通智勝仏は、十劫ののち、諸仏が悟られた真理に到達し、最高・窮極の悟りを得られたのであった」

7―3

「ところで、その大通智勝仏が出家される以前、十六人の子どもがいた。その長子は〝智積《ちしゃく》〟という名である。子どもたちはそれぞれ珍しい玩具を持っていたが、父が最高・窮極の悟りを開かれたと聞くや、その珍しい物を捨てて仏の所《みもと》に参じた。彼らの母は涙ながらにこれを見送った。子どもたちの祖父の偉大なる帝王も、百人の大臣たちと百千万億の人民を随伴して道場に行き、みんなで大通智勝如来を取り囲み、親しく近づき、供養《くぎょう》し、恭敬し、尊敬し、称讃しようと思った。そして道場に着くと、頭に仏の足《みあし》をいただいて礼拝し、仏の周囲を巡り終って合掌し、世尊を仰ぎ見ながら次の詩を誦《じゅ》した。

『威厳に満ちたる世尊なり　衆生済度のそのために
数えられない歳月の　最後の最後に成仏し
諸願はすでに成就され　善《よ》きかな、善きかな、無上の欣懐《きんかい》。

想像絶する世尊の修行　一たび坐りて、十劫のあいだ
からだ、手足を　動かさずに静かに坐り
心は動ぜず　散乱せず
涅槃《ねはん》の境地に到達し　あらゆる煩悩《ぼんのう》消滅した。
いま、世尊が　安らかに、仏道成じたまうを拝見し
われらにとって善なりと　めでたきことと歓喜する。
衆生は常に苦悩する　闇黒の世に導師なく
苦しみ除去する道知らず　解脱《げだつ》を求める術《すべ》もなく
昼夜にわたりて悪を積み　天に生まれる種《たね》を消す
暗闇《くらやみ》出でてはまた暗闇　仏の名《みな》さえ久しく聞かず。
いま、仏は最上の　安穏にして汚れなき、尊き真理を得られたり
人々それに神々も　そのため大きな利益を得る。
それ故われらは額突《ぬかず》きて　無上の世尊に帰命する』

このように詩によって仏を称讃したのち、十六人の王子は世尊に、どうか法をお説きくださいと、次のように言った。

『世尊よ、教えを説いてください。もろもろの天人・人間を愍《あわ》れみ、安穏にさせ、利益《りやく》を与え

るがために』と」

仏はもろもろの比丘たちに告げられた。

「大通智勝仏が最高・窮極の悟りを得られたとき、十方にある五百万億の諸仏の仏国土は大きく震動し、それぞれの仏国土の中間にある、日月の光の届かぬ暗い所までが明るく照らされ、そこにいた生き物たちは互いに他の生き物を見ることができて、このように言った、

『いったいどうして、たちまちのうちにこのような生き物が生じたのであろうか？』と。

また、それぞれの仏国土にある天界の宮殿をはじめ梵天の宮殿が大きく震動し、大いなる光明が仏国土の隅々《すみずみ》までを照らし、いつもと違った明るさとなった。

7―4

そのとき、東方にある五百万億の仏国土の梵天の宮殿は、普段に倍する光明に照らされた。

そこで梵天たちはこう思った。

〈いま、宮殿を照らすこの光明は、過去になかったものだ。どういうわけで、このような現象が生じたのだろうか？〉

そうして梵天たちは互いに集まって協議をした。そのうちの一人、〝救《く》一切《いっさい》〟という名の梵天が、皆を代表して詩でもって言った。

『われらの宮殿《みや》を　照らす光明かってなし。
いったいこれは、何のため？　みんなで謂《いわ》れを考えよう。
超大力の天人の、誕生なるか　それとも仏が世に出たか。
とにもかくにも大光明　あまねく世界を照らしてる』

そのとき、五百万億の仏国土の梵天たちは、各自が花皿いっぱいに天の華《はな》を盛り、宮殿に入ったそのままで西方世界を訪問し、その様子を探った。すると彼らはそこで、大通智勝如来が菩提樹下の道場で獅子座に坐っておられ、諸天・竜王・乾闥婆《けんだつば》・緊那羅《きんなら》・摩睺羅伽《まごらが》といった人間や人間にあらざる生類がうやうやしく如来を取り囲み、十六人の王子たちが仏に教えを説きたまえと請願しているのを見た。そこで梵天たちはすぐさま、頭に仏をいただいて礼拝し、仏の周りを百千回まわり、天華《てんげ》を仏の上に撒き散らした。撒かれた華《はな》は、須弥山《しゅみせん》のごとくに高く積もった。そしてまた、仏がその下においでになる菩提樹にも供養がなされた。菩提樹の高さは十ヨージャナ。その華《はな》を献ずる供養が終ると、梵天たちは各自の宮殿を仏に献じて、こう申し上げた。

『われらを哀愍《あいみん》され、われらの利益のために、ここに献ずる宮殿を受け取ってくださいませ』と。

そして梵天たちは、仏に請願した。

『願わくば世尊よ、教えを説いて衆生を済度し、涅槃にいたる道を開いてください』と。するとと大通智勝如来は、沈黙をもってその願いを聞き入れられた」

7―4・2

「また、比丘たちよ、いま述べたのは東方にある五百万億の仏国土の梵天たちについてであったが、東南方の五百万億の仏国土の梵天たちも、それと同じ動きをした」

7―4・3

「さらに比丘たちよ、南方五百万億の仏国土の梵天たちも、それと同じ行動をした」

7―4・4

「西南方の五百万億の仏国土の梵天たち、そして西方、西北方、北方、東北方、さらに下方にある五百万億の仏国土の梵天たちが、同じ行動をとった」

7―4・5

「そして、上方にある五百万億の仏国土のもろもろの梵天たちは、各自が住する宮殿が燦然《さんぜん》と光り輝くといった、かつて見たこともない光景を目《ま》の当たりにして、躍り上がらんばかりに喜び、心は不思議にうちふるえた。そこで彼らは参集して、

『いかなる因縁の故に、われらの宮殿にかかる光明ありや？』

と協議した。

その梵天の一人に、〝尸棄《しき》〟という名の者がいた。彼は皆を代表して、詩でもってこう言った。

『いったいこれは何のため　われらが住めるこの宮殿

光明輝き、おごそかに　荘厳《しょうごん》されたることいまだなし。

かかる吉相《きっそう》・瑞相《ずいそう》は　わが人生で初めてだ。

徳ある天人の誕生か　あるいは仏が出現されたのか』

そして五百万億の梵天たちは、各自が花皿いっぱいに天華を盛り、宮殿に入ったそのままで下方にある世界を訪問し、様子を探った。すると彼らはそこで、大通智勝如来が菩提樹下の道場で獅子座に坐っておられ、天竜八部衆《てんりゅうはちぶしゅう》がうやうやしく如来を取り囲み、十六人の王子たちが仏に教えを説きたまえと請願しているのを見た。そこで梵天たちはすぐさま、頭に仏をいただいて礼拝し、仏の周りを百千回まわり、天華を仏の上に撒き散らした。撒かれた華《はな》は、須弥山のごとくに高く積もった。仏がその下においでになる菩提樹にも供養がなされた。華《はな》を献ずる供養が終ると、梵天たちは各自の宮殿を仏に献じて、こう申し上げた。

『われらを哀愍され、われらの利益のために、ここに献ずる宮殿を受け取ってくださいませ』
そのとき梵天たちは、仏の前《みまえ》にありて、一心に声を一つにして、次の詩を唱えた。
『善きかな、善きかな、仏、世尊　世を救われる聖者なり
この三界の地獄より　われら衆生を救出す。
遍《あまね》き智慧ある尊き方　迷える衆生を憐れみて
甘露《かんろ》の法門、開け広げ　漏《も》れなく人を救われる。
大昔より無量の時間　仏はこの世にましまさず。
世尊が出現されるその前は　十方世界は闇《やみ》にして
地獄と餓鬼と畜生が、むやみやたらに増えに増え　阿修羅《あしゅら》もまたまた盛んなり。
一方、天人減少し　死んだらみんな地獄行き。
仏より教えを聞かずして　なすは不善のことばかり
体力にしろ智慧にしろ　次第次第に衰える。
犯した罪と咎《とが》の故　楽を失うだけでなく、楽を想うことさえなし
邪見の教えに執着し　善についてはまったく無知
仏の教えを受けずして　悪道に堕《お》つはあたりまえ。
仏は世間の眼《まなこ》なり　不在の長き時の末、ついについに現われた。

多くの衆生を憐れみて　そのため世間に現われて
彼岸に渡りて仏となる。　われらの喜び、はなはだ多大
そのほか衆生の一切が　空前の喜びに感嘆す。
われら梵天の宮殿は　仏の光で荘厳《しょうごん》された。
いま、それを、世尊に奉る　憐れみを垂れて、納めてください。
願わくはこの功徳をもって　普《あまね》く一切に及ぼし
われらと衆生と　皆、ともに仏道を成ぜんことを』
そのとき、五百万億の梵天たちは、詩でもって仏を称讃し終えて、めいめいが仏に懇願した。
『どうか世尊よ、教えを説いてください。そうすればわたしたちは安穏になることができ、救済されるでしょう』
さらに梵天たちは、詩でもってこう言った。
『世尊よ、転じたまえ法輪を　甘露の鼓《つづみ》を打ちたまえ
苦悩の衆生を救いたまえ　涅槃にいたる道を示したまえ。
ただ、願わくば、われらの請願を受け入れて　美しくも妙《たえ》なる音声《みこえ》もて
われらを哀愍せるが故　無量の劫にて悟られた、どうかその法、説きたまえ』」

7—5

「そのとき、大通智勝如来は、十方世界からやって来たもろもろの梵天たちと、十六人の王子たちからの請願を受けて、すぐさま〈四諦〉の教えを三段階に分けてお説きになった。この教えは、沙門《しゃもん》や婆羅門《ばらもん》、天人、魔類、梵天、さらには世間のいかなる人も説くことができないものである。その〈四諦〉の教えとは、

『これが苦である。これが苦の因縁である。これが苦の滅である。これが苦の滅にいたる道である』

というものだ。

さらにまた、大通智勝如来は、〈十二因縁〉の教えを説かれた。それは、

『無明《むみょう》（根源的な無知）に縁《よ》って行《ぎょう》（行動）があり、その行に縁って識《しき》（認識）が起きる。識に縁って名色《みょうしき》（名称と形態）あり、名色に縁りて六入《ろくにゅう》（六つの感覚器官）の働きがあり、その六入に縁りて触《そく》（識別）がある。触に縁って受《じゅ》（感受作用）があり、受に縁って愛《あい》（妄執）があり、愛に縁りて取《しゅ》（執着）があり、取に縁りて有《う》（生存）がある。その有に縁りて生《しょう》（生まれること）があり、その生が老・死・憂《う》・悲・苦・悩の縁となる。

無明が滅すれば行が滅し、行が滅すれば識も滅す。識滅すれば名色滅し、名色滅すれば六入

滅す。六入滅すれば触滅し、触滅すれば受滅す。受が滅すれば愛も滅し、愛滅すれば取滅す。取滅すれば有が滅し、有が滅すれば生が滅す。生が滅すれば老・死・憂・悲・苦・悩が滅するなり』

というものである。

仏が大勢の天人や人間たちにこの教えを説かれたとき、六百万億を千億倍した人々が、偏見や執着が一切なかったもので、もろもろの煩悩から心が自由になり、深き瞑想に入り、神通力《じんずうりき》を得て、あらゆる束縛から解放された。さらに仏の第二・第三・第四の説法によって、ガンジス河の砂を千億倍し、それをまた千億倍した衆生が、偏見・執着を捨てて、もろもろの煩悩から心が自由になった。それ以後、数えきれないほどの多数の声聞《しょうもん》の徒が、心の自由を得た」

7―6

「そのとき、十六人の王子は、まだ未成年であったから、比丘にはなれないので沙弥《しゃみ》となった。彼らの素質・能力は抜群で、その智慧も勝《すぐ》れていた。彼らはすでに百千万億の諸仏を供養し、清浄・純潔の行を修し、最高・窮極の悟りを求めていた。彼らは仏に申し上げた。

『世尊よ、ここにいる無量千万億の声聞の徒は、みな、すでに阿羅漢《あらかん》の悟りに達しています。世尊よ、どうかわれらがために最高・窮極の悟りにいたる教えを説いてください。それを聴聞して、われらは学び修行をします。世尊よ、われらは仏の知見を求めています。われらが心中、深く念ずるところを、仏よ、どうか察してください』と。

そのとき、十六王子の祖父の偉大なる帝王が引率して来た八万億の人々は、十六王子が出家するのを見て、自分たちも出家したいと願い出たので、帝王はそれを許可した。

そして、大通智勝仏は沙弥の願いを聞き入れて、比丘・比丘尼《びくに》・優婆塞《うばそく》・優婆夷《うばい》たちを相手に、大乗の教え——『妙法蓮華』と名づけられ、菩薩《ぼさつ》のための教えであり、仏が大事に護持しておられる教え——をお説きになった」

7—7

「大通智勝仏がこの経を説き終えられたとき、十六人の沙弥は最高・窮極の悟りを得んがために、みなともにこの経を暗記し読誦《どくじゅ》し、その内容に精通した。彼らはこの経を信じて受け入れたのである。また、声聞の徒のうちにも、この経を信じ受け入れた者もいた。けれども、その他大勢の千万億の人々は、それを信ずることはできず、疑惑を持った。

仏がこの経を説かれたのは八千劫の長きにわたるが、それでも途中で疲れて休むということはなかった。そして教えを説き終ると、仏は静かな室に入り、八万四千劫のあいだ瞑想にふけられた。

そうすると、十六人の菩薩の沙弥は、仏が入室されて静かに瞑想しておられるのを知って、それぞれが法座に上って、八万四千劫のあいだ、人々のために〈法華経〉を説き、解説した。そして十六人の一人一人が、ガンジス河の砂を六百万億倍し、さらにそれを一千億倍した数の衆生を済度し、示し、教え、利益し、喜ばせて、最高・窮極の悟りを求める心を発《おこ》させた。

大通智勝仏は八万四千劫ののち、瞑想から出られ、法座にどっかと坐って、大衆《だいしゅ》に告げられた。

『この十六人の菩薩の沙弥は、なかなか殊勝である。彼らの素質・能力は抜群で、その智慧も勝れている。すでに無量千万億の諸仏を供養し、諸仏のもとで常に純潔の行を修し、仏智を学んでそれを衆生に教えて示し、衆生をして仏智に導いた。あなたがたは、彼らに親しみ近づいて、彼らを供養せよ。なぜかといえば、声聞であれ、縁覚《えんがく》であれ、はたまた菩薩であれ、この十六人の菩薩が説く教えをよく信じ、受持し、謗《そし》ることのなき者は、未来において最高・窮極の悟りの智慧を得ることができるからである』と」

さらに仏は、大勢の比丘たちに告げられた。

「この十六人の菩薩は、常に喜んで〈法華経〉を説くであろう。その一人一人が教化する衆生は、ガンジス河の砂を六百万億倍し、さらにそれを一千億倍した数になるが、彼ら衆生は輪廻《りんね》転生《てんしょう》するたびに十六人の菩薩と出会い、十六人から教えを聴聞し、信解《しんげ》するにいたる。そうした因縁によって、十六人は四万億の諸仏に見《まみ》えることができ、いまなおその因縁は尽きない。比丘たちよ、わたしはいま、あなたがたに語る。かの大通智勝如来の弟子の十六人の沙弥は、現在、最高・窮極の悟りを開いて仏となり、十方の仏国土において法を説き、無量百千万億の菩薩や声聞を弟子としている。その名前は、

東方においては、歓喜国の阿閦《あしゅく》如来と須弥頂《しゅみちょう》如来、
東南方においては、師子音《ししおん》如来と師子相《ししそう》如来、
南方においては、虚空住《こくうじゅう》如来と常滅《じょうめつ》如来、
西南方においては、帝相《たいそう》如来と梵相《ぼんそう》如来、
西方においては、阿弥陀《あみだ》如来と度一切世間苦悩《どいっさいせけんくのう》如来、
西北方においては、多摩羅跋栴檀香神通《たまらばっせんだんこうじんずう》如来と須弥相《しゅみそう》如来、
北方においては、雲自在《うんじざい》如来と雲自在王《うんじざいおう》如来、
東北方においては、壊一切世間怖畏《えいっさいせけんふい》如来、

であり、そして最後の十六番目がこのわたし、釈迦牟尼《しゃかむに》仏であって、この娑婆《しゃば》国土において最高・窮極の悟りを得て仏となったのだ」

7―8

「比丘たちよ、われら十六人は沙弥であったとき、おのおのがガンジス河の砂を無量百千万億倍したほどの、多数の衆生を教化した。わたしに従って法を聴聞するのは、最高・窮極の悟りを得るためにほかならない。わたしから教化を受けたにもかかわらず、いまなお声聞の段階にとどまっている者がいるが、それはなぜかといえば、わたしは常に最高・窮極の悟りへと人々を教化しているのだが、彼らはその声聞の教えでもってようやく仏道に入ることができるからである。その理由は、如来の智慧は信ずることがむずかしく、理解することもむずかしいからである。かつてわたしが教化した、ガンジス河の砂の数ほどの無量の衆生とは、ここにいるあなたがた比丘たちと、わたしが入滅したのちの未来において声聞の徒となる弟子たちである。

わたしが入滅したのちに仏教徒となった者で、この〈法華経〉を聴聞せず、菩薩の所行を知らず、悟りも得ていない者は、自分が積んだ善業の功徳によって涅槃を得たいと思い、そしてまさしく涅槃に入るであろう。だが、わたしは他の仏国土において違った名前の仏となっているから、そういう涅槃を求めて涅槃に入った人でも、わたしがいる他の仏国土において、仏の智慧を求めて〈法華経〉を聞くことができる。なぜなら、真に涅槃に入ることができるのは一仏乗のみであって、それ以外の教えでは不可能だからである。ただし、もろもろの如来が方便のために説かれた教えは例外だ。

比丘たちよ、如来が涅槃に入られるときが来て、衆生が清浄となり、信心堅固にして、空《くう》の教理を理解し、深く禅定に入っていると思われたなら、そのときもろもろの菩薩や声聞の人々を集めて、この〈法華経〉を説くのである。この世において、声聞乗《しょうもんじょう》・縁覚乗《えんがくじょう》によって涅槃を得た者はいない。ただ一仏乗によってのみ、真の涅槃が得られるのだ。比丘たちよ、よく知るがよい、如来は衆生の本性を見抜き、衆生が小乗の劣った教えに心を向け、欲望に執着しているのを知っているから、そういう人々のために方便を講じて、彼らが信じやすい教えを説かれるのであると」

7—9

「譬喩でもって語ろう。

ここに、危険と恐怖がいっぱいで、人跡絶えた、五百ヨージャナの路《みち》があるとする。大勢の人々が、その路の彼方《かなた》にある宝の場所に行きたいのだ。そして一人の聡明・怜悧《れいり》な指導者がいて、その路のどこが危険かをよく知っていた。彼は人々を案内して危険な場所を通過しようとするのだが、案内される人々は途中で疲れきって、指導者に言う。

『われらはもう疲れ果てて、その上、恐怖でいっぱいだ。もうこれ以上、先に進みたくない。

先はまだまだ遠いのだろう。もうここから引き返したい』

そこで導師は、あれこれ方便を考えた。

〈この人たちは憐れむべき人である。どうしてすばらしい珍宝を捨てて、引き返そうとするのか?!〉

そう考えて、方便力でもって三百ヨージャナの地点に一つの都市を出現させ、人々に告げて言った。

『みなさん、恐れることはありません。引き返すことはありません。いま、ここにある大きな都市に滞在し、好きなようにすればいいのです。この都市は安全で、快楽がいっぱいあります。もしも、さらに前進して宝の場所に行こうとする気が起きれば、そのとき、ここを去ればよいのです』

このとき、疲れ果てた人々は、かつてなき喜びを覚えて、

『われらは苦難の悪路をまぬがれて、快適さと安全とを得ることができた』

と言った。そして人々は、神通力によってつくられた都市に入り、すでに目的を達成したと思って安心した。そのあと指導者は、人々が十分に休息をとり、疲労も回復したと見て取り、かりにつくられた都市を消し去って、人々に向かって言った。

『みなさん、宝の場所はすぐ近くです。この都市は、わたしが神通力でもってかりにつくった

もので、休息のためのものです』

比丘たちよ、如来もまたこれと同じである。いま、あなたがたのために大導師となって、世の人々の生死と煩悩の路が、いかに長距離であり、危険いっぱいの悪路であるか、そしてそこから離れ、それを踏み越えて行かねばならぬことをよく知っている。しかし、衆生がただ一仏乗のみしか教わらないとすれば、衆生は仏を見ようともせず、仏に親しく接近しようともせず、こう思うであろう。

〈仏道はあまりにも長くて遠く、苦労に苦労を重ねてしか到達できないものなんだ〉と。

仏は、衆生の気力が弱く下劣なることを知るが故に、方便を講じて、道の途中で休ませるために、二つの涅槃を説いたのだ。もし衆生が声聞・縁覚の境地に達し、そこに安住するようであれば、そのとき如来は教えるであろう。

『あなたがたは、まだ到達すべき所に到達していない。あなたがたが安住しているこの境地は、なるほど仏の智慧に近いことは近いが、よく観察し、思量せよ、これは真実の涅槃ではないのだ。この境地は、如来が方便のために、一仏乗を三つに分けて説いた、その中間点なのだ』

これは、まさにかの案内人が休息のために大都市をつくり、人々が十分に休息をとったと見るや、彼らに告げて、

『この都市は真の目的地ではない。わたしがかりにつくったものだ。宝の場所は近くにある

ぞ』

と言うのと同じである」

8　五百人への授記　（五百弟子受記品第八《ごひゃくでしじゅきほん》）

8―1

そのとき、富楼那《ふるな》（プールナ・マイトラーヤニープトラ）は、仏がその智慧でもって方便を講じて説かれた教えを聴聞し、また多くの大弟子たちにあなたがたはいずれ最高・窮極の悟りを得るであろうといった授記を与えられたのを見て、さらに過去世のさまざまな因縁を教わり、諸仏には自由自在な神通力《じんずうりき》が具《そな》わっていることを聞いて、かつてない喜びに心はうちふるえるのであった。そこで彼は座を起《た》って仏の前《みまえ》に進み出て、その足《みあし》をいただき礼拝したあと、傍《かたわ》らに控えた。そして、脇目も振らずに仏の尊顔を仰ぎ見ながら、心の中でこう考えた。

〈世尊はすばらしいお方であり、人智の及ばぬ不思議をなされる。さまざまな性質を持つ世間の人々に随順して、智慧によって方便を講じて、それぞれの人にふさわしい教えを説き、それぞれの人がそれぞれに執着しているものから自由にしてくださる。その仏の功徳のすばらしさを、われわれは言葉でもって言うことはできない。ただ仏のみが、われわれの心中深くにある

願いを知っていてくださるのだ〉

8―2

そのとき、仏は比丘《びく》たちに告げられた。

「あなたがたは、ここにいる富楼那を知っているはずだ。わたしは常に、彼が説法において第一であることを誉《ほ》め称《たた》え、彼のさまざまな貢献を称讃してきた。彼は怠ることなくわが教えを護持し、わたしを助けて比丘・比丘尼《びくに》・優婆塞《うばそく》・優婆夷《うばい》の四衆《ししゅ》に仏法を示し・教え・利益《りやく》を与え・喜ばせ、また仏の正法《しょうぼう》を過不足なく解釈し、同行の修行者たちに恩恵を与えてきた。如来を別にすれば、彼ほどその弁論の冴《さ》えたる者はいない。

比丘たちよ、富楼那は、ただわたしの教えだけをよく護持し、わたしを助けて布教に励んだと思ってはならない。彼は過去世において、九十億の諸仏の所《みもと》でその正法を護持し、仏を助けて布教し、説法をする者のうちの第一とされたのだ。また、諸仏が説かれる空《くう》の教理に通達し、自由自在に法を説き得る四種の智慧を獲得し、常に分かりやすく清浄なる教えを説いて一点の疑問もなく、菩薩《ぼさつ》が得られる神通力を具え、終生仏道修行に励んだ。それ故、彼と同時代の人々は、彼を声聞《しょうもん》の修行者と思ったのだ。そして富楼那は、人々にみずからを声聞と思わせる方便でもって、無量百千の衆生に利益を与え、また、数えることのできないほど多数の人々を教化して、最高・窮極の悟りを求める心を起こさせた。つまり彼は、仏国土を浄《きよ》めんがために、常に精進して衆生を教化してきたのだ。

比丘たちよ、また富楼那は、過去の七仏のもとにおいても、説法者のうちの第一とされた。そして、いま、わたしのもとにおいても、説法者の第一である。未来に出現される諸仏のもとにおいても、説法者の第一となり、仏法を護持し、諸仏を助けて布教し、無数の衆生を教化して利益を与え、最高・窮極の悟りを求める心を起こさせるであろう。そして、仏国土を浄めんがために常に精進し、衆生を教化するであろう。

かくして富楼那は、次第に菩薩の道を歩み、無量無数の劫《こう》が過ぎたのち、まさにここにおいて最高・窮極の悟りを得て仏となる。その仏の名は〝法明《ほうみょう》如来〟。その仏は、ガンジス河の砂と等しいほどの多数の世界を全部まとめて一仏国土とし、その国土の大地は七宝で出来ており、地面は手の平のように平らかで、山・谷・窪地《くぼち》がない。七宝造りの高楼《こうろう》が建ち並び、虚空には天人の宮殿が聳《そび》え、人間と天人とが親睦・交流している。地獄・餓鬼・畜生といった罪業によって堕《お》ちる世界もなく、男と女の差別はなくみんな同じ性であって、だから性の欲望もないし、衆生は母胎によらず卵によらず超自然的に生まれる。人々は神通力を持ち、身体より光明を発し、自由に空を飛ぶことができる。人々は志操堅固であり、精進し、智慧があり、皮膚の色は金色、さらに仏や偉大なる帝王に見られる三十二の瑞相を具えている。その仏国土の衆生の食べる物は二つ、一つは法を聴聞する喜びといった食物、もう一つは瞑想する喜びといった食物。千万億をさらに千万億倍し、それをさらに千万億倍もしたほどの多数の菩薩が、神通力や自由自在な智慧でもって、大勢の衆生を教化している。そこにいる声聞の徒の数は、いくら計算しても計算できない。その人たちはすべて神通力を得て、煩悩《ぼんのう》より解脱《げだつ》できるのだ。その仏国土は、以上述べたような無量の功徳でもって飾られている。その国の名は〝善浄《ぜんじょう》〟、そこに仏がおいでになる時代を〝宝明《ほうみょう》〟という。その仏の寿命は劫を一千億倍したほどの無量であり、仏の入滅後、仏の教えが残る時間は無限といってよい。そして、仏の入滅後には、その国中に七宝の塔が建立される」

8―3

そのとき、心の自由を得た千二百人の阿羅漢《あらかん》たちは、こう思った。

〈われらはかつてなき喜びにうちふるえている。もし世尊が、その他の大弟子たちと同様に、われらにも授記を与えてくだされば、どれだけうれしいことか〉

8―4

仏は彼らの心中を推し量って、摩訶迦葉《まかかしょう》（マハーカーシャパ）に告げられた。

「わたしはいま、ここにいる千二百人の阿羅漢たちに、まさに目の前で順を追って、彼らが最高・窮極の悟りを得る予言を授けよう。

この人々のうちの憍陳如《きょうじんにょ》比丘（カウンディニヤ）は、将来、六万二千億の仏を供養したのち仏となるであろう。その仏の名を〝普明《ふみょう》如来〟という。

また、優楼頻螺《うるびんら》迦葉《かしょう》（ウルヴィルヴァーカーシャパ）・伽耶《がや》迦葉《かしょう》（ガヤーカーシャパ）・那提《なだい》迦葉《かしょう》（ナディーカーシャパ）・阿那律《あなりつ》（アニルッダ）をはじめとする五百人の阿羅漢たちは、みな最高・窮極の悟りを得て、全員が同じく〝普明〟という名の仏となるであろう」

8―4a

世尊はいま述べられたことを、詩でもって繰り返されたが、その最後にこのように言われた。

「説いた通りだ、摩訶迦葉　五百の者が授記された。
残りの声聞、七百人　彼らも同様、授記される。
ここにいない人たちに　そなたは伝えよ、わが言葉」

8―5

そのとき、仏の前で記《き》を受けた五百人の阿羅漢たちは、喜びに躍り上がり、座より起《た》ちて仏の前に進み、頭に仏の足をいただき拝礼し、みずからの考え違いを反省しながら次のように言った。

「世尊よ、わたしたちはこれまで、自分たちはすでに窮極の涅槃《ねはん》を得たのだと思っていました。しかし、いま、わたしたちがいかに無知であったかを知りました。わたしたちは本当は如来の智慧を得なければならないのに、ちっぽけな知恵でもって満足していたからです。

譬《たと》え話で語ります。

ある男が親友の家に行き、そこで酒に酔って寝てしまいました。親友のほうは公用があって家を出て行かねばならないのですが、そのとき、男の衣服の裏に値段がつけられないほど高価な宝石を縫い込んでやったのです。男のほうは酔っぱらって寝ていたもので、何も知りません。男は起き上がり、あちこち放浪して他の国に行き、衣食のために力を尽くし、苦労をし、ほんの少し得られればそれで満足していたのです。

その後、親友はたまたま男に会い、その姿を見てこう言いました。

『しようのない男だな、きみは。どうして衣食のためにあくせく苦労ばかりしているのか。わたしは昔、ほれ、何年何月何日に、きみが欲しい物を何でも手に入れ、安楽な生活ができるようにと、きみの衣服の裏にすごく高価な宝石を縫い込んでおいてやったのに……。宝石はいまでもあるはずだ。なのにきみはそれを知らず、苦労し、悩み、憂い、あくせく働いている。愚かなことだ。きみはいま、その宝石を売るがよい。そして足りない、足りないの貧乏暮らしをやめにして、気楽に自由に生きるがよい』と。

仏もまた、これと同じです。仏がかつて菩薩であられたとき、わたしたちを教化して、一切の事象を知り尽くす智慧を求める志《こころざし》を発《おこ》させてくださったのに、わたしたちのほうではそれをすっかり忘れてしまって記憶になく、阿羅漢の道を進んで、自分ではすでに涅槃に達したと思い、生活の糧《かて》を得るのに汲々とし、ほんの少しを得て満足していたのです。けれども、わたしたちがまだ一切の事象を知り尽くす智慧を求めようとする誓願を失わずに持っているからこそ、世尊はわれわれに気づかせるために、このように言われたのです。

『比丘たちよ、あなたがたが得たものは、窮極の涅槃ではない。わたしは長いあいだ、あなたがたに仏となるための善根を植えつけさせてきたのだが、方便のために涅槃の境地を教えたのだ。ところがあなたがたは、それでもって窮極の涅槃を得たと錯覚したのである』と。

世尊よ、わたしは、いま知ることができました。われらはじつに菩薩であって、だからこそ最高・窮極の悟りを得て仏になることができるといった授記が与えられたのだということを。そういうわけで、われわれはこれまでにない大いなる喜びにあふれています」

9　まだ未熟でも（授学無学人記品第九《じゅがくむがくにんきほん》）

9—1

　そのとき、阿難《あなん》（アーナンダ）と羅睺羅《らごら》（ラーフラ）とは、こんなふうに思った。

〈わたしたちは常に願っているのであるが、もしもわたしたちに記《き》が授けられたならば、どれだけうれしいことか〉

　二人は座を起《た》って仏の前《みまえ》に進み、仏の足《みあし》を頭にいただいて礼拝し、仏に申し上げた。

「世尊よ、わたしたちも世尊から授記される資格があるのではないかと考えますが、いかがなものでしょうか。わたしたちは、ただ如来にのみ帰依しております。また、わたしたちは、この世界において天人・人間・阿修羅のあいだで少しは名が知られております。阿難は常に世尊の侍者となって、その法歳《ほうさい》（出家して以後の年数）も十分ですし、羅睺羅は仏の実子です。もし仏がわれらに、そなたたちも最高・窮極の悟りを得て仏となることができると言ってくだされば、わたしたちの願いは満たされ、多くの人々の望みもかなえられることになります」

二人がそう言ったとき、その場にいた二千人の声聞《しょうもん》の弟子たち——そのうちには、すでに学修が終った者もいたが、いまだ学修中の者もいた——が座より起立して、右の片袖をぬいて右肩をあらわにし、仏の前《みまえ》に進んで一心に合掌し、世尊の尊顔を仰ぎ見ながら、阿難と羅睺羅と同じく、一方に控えた。

9——2

そのとき、仏は阿難に告げられた。

「そなたは未来世において、まさしく仏となることができよう。このあと六十二億の諸仏に供養し、教えを護持し、しかるのちに最高・窮極の悟りを得る。その仏の名は〝山海慧自在通王《さんかいえじざいつうおう》如来〟。そして、ガンジス河の砂を二十千万億倍した数の菩薩《ぼさつ》たちを教化して、彼らに最高・窮極の悟りを得させる。その仏国土の名は〝常立《じょうりゅう》勝幡《しょうばん》〟といい、その国土は清浄であり、大地は瑠璃《るり》で出来ている。その仏国土に仏がおいでになる時代を〝妙音遍満《みょうおんへんまん》〟と呼び、仏の寿命は一千万億劫《こう》をさらに一千万億倍したほどの無量。いかなる人がどれだけの年数をかけて計算しても、その長さを知ることができない。その仏の教えた正法《しょうぼう》が存続する期間は、仏の寿命の倍。さらに像法《ぞうぼう》が存続する期間は、正法の存続する期間の倍。阿難よ、この山海慧自在通王仏は、ガンジス河の砂を無量千万億倍した多数の十方世界の諸仏から、その功徳が称讃されるに違いない」

9──3

そのとき、その場にいた、新しく発心《ほっしん》したばかりの八千人の菩薩は、みんながこんなふうに考えた。

〈わたしたちは、菩薩のうちでも偉大なる菩薩が授記された例を聞かなかったのに、どういうわけで、このような声聞の人たちが授記されるのであろうか?〉

9──4

そのとき、世尊は、菩薩たちの心中を推し量って、次のように告げられた。

「善男善女よ、わたしと阿難とは、過去に空王仏《くうおうぶつ》の所《みもと》で、同時に最高・窮極の悟りを求める心を発《おこ》した。阿難は常に仏法を多く聞くことにつとめ、わたしは常に精進した。それが故にわたしは最高・窮極の悟りを得た。だが、阿難のほうは、わたしの教えを護持し、また将来も諸仏の教えを護って、大勢の菩薩を教化し、彼らを仏にならせるであろう。それが阿難の本願(自分が過去世において発《おこ》した誓願)である。だからこそ、彼は記《き》を受けることができたのだ」

9—5

阿難は、仏の面前において自分が授記されたことを喜び、またその仏国土の荘厳《そうごん》なることを聞き、自己の願いが聞き届けられたわけで、心はかつてなき歓喜に満たされた。彼はそのとき、過去に無量千万億の諸仏から聴聞した教えを、まるでいまそれを聴聞しているかのごとくに、自由自在に思い出すことができた。また、自分の本願をも思い出した。

9—6

そして、仏は羅睺羅に告げられた。

「そなたは未来世において、必ずや仏となることができるであろう。このあと、十の世界を微《み》塵《じん》に砕いた数に等しい諸仏に供養するのだ。そなたは現世においてそうであるように、常にそれら諸仏の長子として生まれるであろう。そなたが仏となる、その仏の名を〝蹈七宝華《とうしっぽうけ》如来〟といい、その仏の国土の荘厳なること、また寿命の劫数と、教化する弟子の数、正法と像法の存続する期間は山海慧自在通王如来のそれとまったく同じで、少しの違いもない。そなたはこの山海慧自在通王如来の長子となる。そしてそのあとで、まさに最高・窮極の悟りを得て仏となるのだ」

9—7

そして世尊は、学修が終った者といまだ学修中の二千の人々を見渡された。彼らの心は柔軟であり、静寂・清浄であり、一心に仏を見つめていた。

仏は阿難に言われた。

「そなたは、ここにいる二千人を見ているか？」

「はい、見ております」

「阿難よ、これらの人々は、これから先、五十の世界を砕いて微塵にした数ほどの諸仏を供養し、恭敬《くぎょう》し、尊敬し、その教えを護持して、その最後の生において同時に、十方の国々にあって仏となるであろう。その仏の名は同一で〝宝相《ほうそう》如来〟という。仏の寿命は一劫。その仏国土の荘厳なること、声聞と菩薩の数、正法と像法の存続する期間はまったく同じである」

10 〈法華経〉を説く心構え（法師《ほっし》品《ほん》第十）

10—1

そのとき、世尊は、薬王菩薩《やくおうぼさつ》に語りかけるかたちで、八万の菩薩に語られた。

「薬王よ、そなたはここに大勢の人々——天竜八部衆《てんりゅうはちぶしゅう》や比丘《びく》・比丘尼《びくに》・優婆塞《うばそく》・優婆夷《うばい》、そして声聞《しょうもん》の道を歩む者・縁覚《えんがく》の道を歩む者・仏の道を歩む者——を見るであろう。これらの人々のうちで、仏前において〈法華経〉の片言隻句《へんげんせっく》を聞いて、ほんの一瞬でも喜びを感ずる者には、われは、

『そなたは未来に最高・窮極の悟りを聞いて仏となるであろう』

と、記《き》を授けよう」

10—2

仏はさらに薬王に告げられた。

「また、如来が入滅したのち、〈法華経〉の片言隻句を聞き、ほんの一瞬でも喜びを感ずる者がいれば、われはその人に、最高・窮極の悟りを開いて仏となることができるといった記を授ける。もしまた、〈法華経〉のたった一句でも受持し、読み、誦《じゅ》し、解説し、書写し、〈法華経〉をまるで仏そのもののように敬って見、それにさまざまな華《はな》・香・装身具を献じ、抹香《まっこう》・塗香《ずこう》・焼香でもって供養し、天蓋《てんがい》や旗・幟《のぼり》で荘厳《しょうごん》し、衣服を献じ、音楽を奏して供養し、合掌し、敬う者がいれば、薬王よ、それらの人々は過去に十万億の仏を供養し、諸仏のもとですでに大願を成就したのであるが、衆生済度のためにあえて人間として生まれてきたのだと知りなさい。

薬王よ、もし、未来世において仏となるべき人は誰かと問われたならば、まさにいま述べた人たちが未来世において仏となるのだと答えなさい。なぜかといえば、〈法華経〉のたった一句でも受持・読・誦・解説・書写し、それに華《はな》・香・装身具・抹香・塗香・焼香・天蓋・旗や幟・衣服・音楽でもって供養し、合掌し、敬う善男子・善女人がいれば、その人は世間のすべての人々から仰ぎ見られるべき人であり、まさに如来が受ける供養と同じ供養を受けるべき人なのだ。この人は、これ大菩薩であって、すでに最高・窮極の悟りを成就しているのだが、衆生を憐れむが故に、この娑婆《しゃば》世界にみずから願って生まれ、そして〈法華経〉を広宣流布しているのだと知りなさい。まして、〈法華経〉のたった一句ではなしに、それをよくよく知り尽くしている者は言うまでもないことだ。

薬王よ、よく知るがよい、このような人たちは、みずからの清浄なる業によって得られる当然の報いを捨てて、わたしが入滅したのちに、衆生を憐れむが故に、あえてこの悪世に生まれて〈法華経〉を広宣しているのだ。わたしが入滅したのち、たった一人のためでもよい、〈法華経〉の一句でも説く善男・善女がもしいれば、まさに知るべし、その人は如来の使者であり、如来に派遣されて、如来がなさるべきことをしているのだと。ましてや、大衆《だいしゅ》の中において広く〈法華経〉を説いている人は、もちろんのことである。

薬王よ、もし悪人がいて、不善の心でもって一劫《こう》のあいだ、仏の面前において仏を謗《そし》り、罵り続けたとしても、その罪はまだ軽いと言わねばならない。それよりも、在家であれ出家であれ、〈法華経〉を読誦《どくじゅ》している者を、たとえ一言でも謗った者がいれば、その人の罪のほうがはなはだ重い。

薬王よ、〈法華経〉を読誦している者がいれば、その人は仏と同じ装身具でもって自身を飾り、そして如来の肩に負《お》ぶさっているのだ。だからその人がどこに行こうと、その人に向かって礼拝すべきである。一心に合掌し、恭敬《くぎょう》し、供養し、尊敬し、華《はな》・香・装身具・抹香・塗香・焼香・天蓋・旗や幟・衣服・飲食物をもって称讃し、音楽を奏し、最高の貴人に対するがごとくにその人に供養しなさい。まさに天上の宝をこの人の上に撒き散らしなさい。天上の宝は、この人のために捧げられるべきものだ。なぜなら、この人が喜んで法を説くとき、ごくごく短い時間でもそれを聴聞すれば、聴聞した人は最高・窮極の悟りを得て仏となることができるからだ」

10—3

そのとき、仏はさらに薬王菩薩にこう告げられた。

「わたしが説いた教え——これまですでに説いたもの・いま説いているもの・これから先に説くもの——は、無量千万億である。そしてその中では、この〈法華経〉が最も信じ難く、最も難解である。薬王よ、この経は諸仏が極秘扱いにしているものだから、軽々しく人々に説いてはならない。諸仏はこの経を大事にしておられるから、大昔からいまにいたるまで、いまだかつてあらわには説かれなかったのだ。そして、この経を説く者は、如来《わたし》が生きている現在でさえ怨《うら》み嫉《ねた》まれることが多いのだから、わたしが入滅したのちはなおさらそうである。

薬王よ、よく知るがよい、如来《わたし》の入滅後にこの経を書写し、読誦し、供養し、他人のために説く者は、如来はその衣でもってその人を覆い、また他の仏国土においでになる諸仏がその人を庇護《ひご》されるであろう。そのためその人には、信じる力と仏に向かって歩もうとする意志の力とさまざまな善をしようとする力が与えられる。まさに知るべし、その人は如来と同じ屋根の下に住むことができるのだ。如来の手で頭を撫《な》でてもらえるのである。

薬王よ、この経が説かれ、読まれ、誦され、書写される場所、あるいはこの経巻が安置されている場所には、それがいかなる場所であっても、そこにきわめて高く、また、広い七宝の塔を建立して荘厳《しようごん》すべきである。また、その塔には仏舎利《ぶつしやり》（仏の遺骨）を安置する必要はない。なぜなら、この仏塔のうちに如来の全身がおいでになるからである。この塔を、華《はな》・香・装身具・天蓋・旗と幟・音楽・歌曲でもって供養し、恭敬し、尊敬し、称讃すべきだ。もし人が、この塔を見て礼拝し供養すれば、まさに知るべし、その人は最高・窮極の悟りに近づいているのだと。

薬王よ、在家・出家を問わず菩薩の道を歩んでいる者が数多くいても、もしその人がこの〈法華経〉を見聞し、読誦し、書写し、供養することができなければ、まさに知るべし、その人はよく菩薩の道を歩んでいないのである。もしこの経典を聞くことができた者は、立派に菩薩の道を歩んでいるのだ。そうだ、仏道を求めている衆生が、この〈法華経〉を見、あるいは聞き、聞き終えたのちそれを信じて理解し、受持するならば、まさに知るべし、その人は最高・窮極の悟りに近づいているのだ、と」

「薬王よ、譬喩《ひゆ》でもって語ろう。

10—4

ここに、のどがかわいて水を求めている人がいる。彼は高原に穴を掘って水を得ようとするが、土が乾いているのを見れば、水源はまだまだ遠いと分かる。それでも努力することをやめずに掘り進むと、やがて湿った土を見、そしてようやく泥にいたると、水は必ず近くにあると確信できる。菩薩もまたそれと同じだ。もしこの〈法華経〉を聞かず、理解せず、修学することがなければ、まさにその人は最高・窮極の悟りからまだまだ遠いと知らねばならない。もしこの経を聞き、理解し、思索し、修学することができれば、最高・窮極の悟りに近づいたと知るがよい。それはなぜかといえば、すべての菩薩の最高・窮極の悟りは、みなこの経に属しているからである。この経は、方便の門を開いて真実を示したものである。この〈法華経〉を収蔵した蔵《くら》は、なかなか堅固であり、奥が深いので、そこに到達できる人はいない。いま、仏は、菩薩を教化し、最高・窮極の悟りを成就せしめんがために、その蔵を開示されたのだ。

薬王よ、菩薩であっても、かりにその人がこの〈法華経〉を聞いて驚き疑い、恐れ戦《おのの》くようであれば、その人は新たに発心《ほっしん》したばかりの新前《しんまえ》の菩薩だと思ってまちがいない。もしも声聞が、この経を聞いて驚き疑い、恐れ戦くようであれば、まさに知るべし、彼は悟っていないのに悟ったとうぬぼれている増上慢《ぞうじょうまん》の者である」

10—5

「薬王よ、如来が入滅されたのちに、比丘・比丘尼・優婆塞・優婆夷の四衆《ししゅ》のためにこの〈法華経〉を説こうとする善男・善女は、どのようにこれを説けばよいか？　善男・善女は、如来の室《しつ》に入り、如来の衣を着て、如来の座に坐って、四衆のためにこの経を説くがよい。如来の室とは、一切衆生に対する大慈悲心である。如来の衣とは、柔和忍辱《にゅうわにんにく》の心である。如来の座とは、すべてのものを空《くう》と見ることだ。そうした境地に安住した上で、怠惰な心をなくして、もろもろの菩薩や四衆のためにこの〈法華経〉を説くべきだ。

　薬王よ、わたしは入滅後は別の国にいるが、そこから神通力《じんずうりき》でもってつくった人間、比丘・比丘尼・優婆塞・優婆夷を派遣して、その説法を聴聞させるであろう。この神通力によってつくられた人々は、法を聞き、それを信じ、従順であって逆らうことがない。もし説法する人が閑静な場所にいるなら、われは広く天人・竜神・鬼神・乾闥婆《けんだつば》・阿修羅《あしゅら》たちを派遣して、その説法を聴聞させるであろう。われは異国にいるが、時どきは、説法者にわたしの姿を見ることができるようにしてやろう。もし説法の途中で経典の文句を忘れるようなことがあっても、わたしがそれを説いて、彼の説法が完了できるようにしてやろう」

11　多宝塔の出現（見宝塔品《けんほうとうほん》第十一）

11―1

そのとき、仏の前に、高さ五百ヨージャナ、縦横がともに二百五十ヨージャナの七宝の塔が大地より出現し、空中に浮かんだ。塔はさまざまな宝物でもって飾られ、五千の欄干《らんかん》があり、部屋の数は千万。無数の旗・幟《のぼり》でもって装飾され、宝石でつくられた飾りの板が垂れ下がり、万億という宝の鈴が懸けられていた。その四面には芳香を発するタマーラ樹と栴檀《せんだん》樹が植えられ、芳香が世界に充満している。その天蓋《てんがい》は金・銀・瑠璃《るり》・硨磲《しゃこ》・碼碯《めのう》・真珠・玫瑰《まいえ》といった七宝で造られ、高く四天王の宮殿に届くほどである。三十三天の神々は天の華《はな》を雨と降らせて宝塔を供養し、その他の天竜八部衆《てんりゅうはちぶしゅう》は、華《はな》・香・装身具・天蓋・音楽でもって宝塔を供養し、恭敬《くぎょう》し、尊敬し、称讃した。

すると、宝塔の中から大音声が出てきて、

「善《よ》きかな、善きかな、釈迦牟尼《しゃかむに》世尊は、あらゆる人を差別せずに仏とする平等の大慧・菩薩《ぼさつ》のための教え・仏が大事に護持しておられる〈法華経〉を、人々のために説かれました。そうです、そうです。釈迦牟尼世尊がお説きになったのは、すべて真実です」

と、釈迦世尊を称讃された。

そのとき、人々は、大宝塔が出現して空中に浮かんでいるのを見て、また塔の中から発せられた音声《おんじょう》を聞いて、喜ぶと同時に、これまで見たこともない出来事を不思議に思い、全員が座より起《た》ちて恭敬し、合掌し、そして退いて片側に控えた。

そのとき、大楽説《だいぎょうせつ》という名の菩薩がいた。彼は、天人・人間・阿修羅たちが疑問に思っていることを知って、仏に申し上げた。

「世尊よ、いかなる因縁があって、この宝塔が大地より出現し、そして音声を発するのですか？」

11—2

そうすると、仏は大楽説菩薩に告げられた。

「この宝塔の中には、如来の全身がおいでになるのだ。

昔も昔、東方、無量千万億をさらに無数倍した彼方に〝宝浄《ほうじょう》〟と名づける仏国土があった。その国に仏がおられた。その名は〝多宝〟。その仏は、修行中の菩薩であったとき、大誓願をおこされた。

――もし、われが仏となり、そして入滅後、十方世界のどこかで〈法華経〉が説かれているならば、それを聴聞するためにわたしの宝塔をそこに出現させ、その教えが真実であることを証明し、それを讃《ほ》めて『善いかな』と言おう――

そして彼は成道して仏となり、その入滅のとき、天人や人間たちが参集する中で比丘《びく》たちに告げられた。

『わたしが入滅したのち、わたしの全身を供養せんとする者は、まさに大塔を建立すべし』

その仏は、神通力《じんずうりき》と誓願の力でもって、もし〈法華経〉を説く者がいれば、十方世界のどこであろうと、そこにかの宝塔を出現させ、その塔の中においでになる全身でもって、

『善いかな、善いかな』

と、誉《ほ》めて言われるのである。

大楽説よ、それ故、いま多宝如来の塔は、〈法華経〉を聴聞せんとして大地より出現し、

『善いかな、善いかな』

と、讃めて言われたのである」

このとき、大楽説菩薩は仏に申し上げた。しかし、彼がそう言ったのは、彼の意思というより如来の神通力によるものである。

「世尊よ、われらは、願わくば宝塔の中においでになる仏身を拝見したいと思います」

11―3

仏は大楽説菩薩に言われた。

「じつは多宝仏には、重大な誓願があるのだ。それは、

――〈法華経〉を聴聞せんがためにわが宝塔を諸仏の前《みまえ》に出現させたとき、もしも比《び》丘・比丘尼《くに》・優婆塞《うばそく》・優婆夷《うばい》の人々が、わたしの全身を示してほしいと願うならば、その仏は、十方世界のあちこちにあって説法しているその仏の分身をすべて召還して一か所に集めねばならない。そうしてはじめて、わが全身を出現させる――

というものである。

大楽説よ、それ故、十方世界にあって説法している、わたしの分身である諸仏を、いままさにここに召還せねばならない」

大楽説は、仏に申し上げた。

「世尊よ、わたしたちも、願わくば、世尊の分身の諸仏を見たてまつり、礼拝し、供養したいと思います」

11—4

すると、仏は眉間《みけん》の白毫《びゃくごう》より光を放たれた。その光は東方にある、ガンジス河の砂を五百万億倍し、さらにそれを一千億倍したほど多数の仏国土においでになる諸仏を照らした。そのもろもろの仏国土の大地は水晶で出来ており、宝の樹木、宝の布でもって飾られ、千万億といった無数の菩薩がその仏国土に住み、宝の幕が張りめぐらされ、宝の網が国土の上にかけられている。その国におられる諸仏は妙《たえ》なる声でもって説法をされ、無量千万億の菩薩がその説法を聴聞している。そういう光景が見られたのである。それは東方世界だけではなく、白毫より発せられた光に照らされた南・西・北の世界、そして東南・東北・西南・西北と上下の世界においても、同じ光景が見られた。

そのとき、十方世界にましますす諸仏は、それぞれ菩薩衆に告げられてこう言われた。

「善男善女よ、わたしはいま、娑婆《しゃば》世界においでになる釈迦牟尼仏の所《みもと》に行き、そして多宝如来の宝塔に供養しようと思う」

11—5

すると娑婆世界はたちまち清浄となり、大地は瑠璃と変わり、宝の樹でもって飾られ、四方八方に通ずる街道は黄金の縄で縁《ふち》どられた。村落・大都会・大海・江河《こうが》・山川《さんせん》・森林がなくなり、上等の香が焚《た》かれ、天界に咲く花が地面に敷き詰められ、宝の網・幕が張りめぐらされ、宝の鈴が懸けられた。そして、法の座に参集していた衆生のみがそこに残り、そのほかの天人・人間は他の世界に移された。そのあと、十方の世界から諸仏が、それぞれただ一人の大菩薩を随行させて娑婆世界にやって来て、宝の樹の下に坐られた。その宝の樹の高さは五百ヨージャナ。枝ぶり・葉・華《はな》・果実も見事なものである。その樹の下には高さ五ヨージャナの獅子座《ししざ》があって、さまざまな宝でもって装飾されている。他の仏国土からおいでになった諸仏は、その獅子座に結跏趺坐《けっかふざ》された。このようにして、諸仏が三千大千世界に満ち溢《あふ》れた。けれども、十方世界にひろがった釈迦牟尼仏の分身仏の、そのすべてを収容することはできなかった。

そこで釈迦牟尼仏は、すべての分身仏を受け容れるため、四方八方にわたって、なおも二百万億を一千億倍した国々を清浄の土地とされた。すなわちその国土から地獄・餓鬼・畜生および阿修羅の世界をなくし、またもろもろの天人・人間を他の場所に移し、大地を瑠璃に変え、宝の樹でもって飾った。樹の高さは五百ヨージャナ、見事な枝・葉・華《はな》・果実をつけていた。樹の下には高さ五ヨージャナの宝の獅子座があり、種々の宝でもって飾られていた。また、大海・江河・高山がなく、全体が一つの仏国土となり、宝で出来た大地は平坦であって、宝をちりばめた幕がその土地を覆い、もろもろの天蓋が懸けられ、上等の香が焚かれ、天界に咲く宝の華《はな》がその土地に敷き詰められていた。

けれども、それでもすべての分身仏を受け容れることができず、釈迦牟尼仏はさらにまた二百万億の一千億倍の国々を変じて清浄にされた。その清浄となった国土の様子は、前とまったく同じである。

このような準備がなされると、東方にある、ガンジス河の砂の百千万億倍のさらに一千億倍した国々において、説法しておられた釈迦牟尼仏の分身の仏が、ここにやって来た。ついで十方世界の分身仏がことごとくやって来て、四方八方に着座された。かくて四百万億を一千億倍した数の国土に、分身仏が満ちあふれた。

このとき、もろもろの分身仏は宝の樹の下にしつらえられた獅子座に坐して、それぞれの侍者に宝の華《はな》を両手いっぱいに持たせ、釈迦牟尼仏に表敬訪問させるべくこう命じた。

「そなたは霊鷲山においでになる釈迦牟尼仏の所《みもと》に行き、わたしの言葉を伝えよ。

『世尊は、病気も少なく、悩みも少なくいらっしゃいますか？　また、お元気で、安楽にしておられますか？』

『菩薩や声聞《しょうもん》の人々は、ことごとく安穏であられますか？』

そして、この宝の華《はな》を仏前に散じて供養をし、このように言え。

『かの何某《なにがし》という名の仏は、この宝塔が開かれることを願っております』と」

このようにして、諸仏のすべてがそれぞれ使者を派遣されたのである。

11—6

そのとき、釈迦牟尼仏は、分身の諸仏の全員が娑婆世界にやって来て獅子座に坐したのを見とどけられて、また諸仏が同じく多宝如来のましまず多宝塔の開かれんことを願っていることを聞かれると、すぐさま座を起《た》って空中に昇り、そこにとどまられた。すべての聴衆が起立し、合掌し、一心に仏を見つめた。

そこで釈迦牟尼仏は、右の指でもって七宝の塔の扉を開かれた。扉は、まるで大きな城門の門《かんぬき》と鍵をはずすときのような大音響をたてた。

その瞬間、すべての聴衆が、多宝塔の中の獅子座に多宝如来が、ちょうど禅定に入っておられる姿勢でそこにましまし、

「善いかな、善いかな。釈迦牟尼仏は見事に〈法華経〉をお説きになった。われはこの経を聴聞したいがために、ここにやって来たのである」

と言われる声を聞いた。すると聴衆は、無量千万億劫《こう》という過去に入滅された仏の言葉を聞いて、かつてなき不思議に感嘆して、天の宝の華《はな》を多宝仏および釈迦牟尼仏の上に散らせた。

すると多宝仏は、多宝塔の中で半《なか》ば身をずらして釈迦牟尼仏が坐ることのできる場所をつく

り、
「釈迦牟尼仏よ、どうかここにお坐りください」

と言った。すると釈迦牟尼仏は塔の中に入り、半座に坐って結跏趺坐された。

そのとき、大衆《だいしゅ》は、七宝の塔の中の獅子座に結跏趺坐される二人の如来を見て、こう思った。

〈仏はあまりにも高い所においでになる。願わくば如来よ、神通力でもって、われらも空中に昇らせてください〉

すると釈迦牟尼仏は、神通力でもって大衆を空中に引き揚げ、大音声を発して人々に告げられた。

「誰か、この娑婆国土において広く〈法華経〉を説く者はいるか？　いま、まさにそのときである。如来は遠からずして涅槃《ねはん》に入るであろう。仏はこの〈法華経〉を何人《なにびと》かに委嘱して、のちの世までもとどめておきたいのである」

11——6a

次に世尊は、詩でもって言われた。いま述べた部分と重複するところもあるが、新たに言われた部分もある。

「わたしが入滅した、そのあとに

そもそも誰が　この〈法華経〉を、護持するや
仏の前《みまえ》に進み出て　『わたしがします』と誓うがよい。
そうだ、まったくその通り　この〈法華経〉を護る者
彼は釈迦仏のみならず　多宝如来を供養せり。
もし〈法華経〉を説く人は　すなわちわれ釈迦仏と
多宝如来をはじめとして　多くの仏に見《まみ》えよう。
善男善女の人々よ　おのおの、よくよく考えよ。
これから述べるは、難事なり　大願なければできぬこと。
〈法華経〉以外の経典は　ガンジス河の砂ほど多数
けれどもそれらを説くことは　それほど難事と言えぬぞよ。
でっかく高い須弥山《しゅみせん》を　どこか遠くの外国へ
放り投げることだって　それほど難事と言えぬぞよ。
あなたの足のその指で　三千世界を動かして
遠く他国へ投げ飛ばす　そのことだって難事でない。
天界の、いちばん上の有頂天《うちょうてん》　そこから衆生のためにとて
数えきれない経を説く　それもまたまた難事でない。

仏が入滅されしそのあとで　乱世・悪世のその中で
この〈法華経〉を説くならば　それこそ難事というものよ。
たといそなたが　虚空《こくう》を摑《つか》み
虚空の中を自在に動く　それができても難事にあらず。
わたしが入滅した、そのあとで　みずから〈法華経〉を書き持《たも》ち
人にも〈法華経〉を書写させる　それこそ真の難事なり。
大地全体　爪先《つまさき》に
そのまま梵天界《ぼんてんかい》まで昇っても　そんなことは難事と言えぬ。
仏の滅後の　悪世に
寸時であっても〈法華経〉読誦《どくじゅ》　それが本当の難事だよ。
世の終末に起きる劫火《ごうか》　乾いた草を背負いつつ
火中を歩きて焼けずにいる　それも難事と言えぬなり。
わが入滅のそのあとで　この〈法華経〉をよく持《たも》ち
たった一人のためにでも、それを具《つぶさ》に説いてやる　それがすなわち難事だよ。
八万四千もあるとされ　十二の種類に分けられる
仏の教えのそのすべて　人のために説き弘め

聴聞した人　神通を得る
そんなことができたって　それは難事と言えぬぞよ。
わが入滅のそののちに　この〈法華経〉を聴聞し
その真髄を理解する　それこそ難事にほかならぬ。
仏の教えをよく説きて　千万億の人々を
いやいやガンジス河の砂ほどの　数えきれない人々を
阿羅漢《あらかん》にさせ　神通力を得さしめる
その人の利益《りやく》は大きいが　それはまだまだ難事じゃない。
わが入滅のそのあとで　この〈法華経〉を
捧持《ほうじ》する　それこそ真の難事なり」

さらに世尊は詩を続けられた。

「われは仏道のための故　あちこち無数の国土にて
はるかな過去から現在《いま》にまで　いろんな経を説いてきた
その数多き経典中　この〈法華経〉が第一よ

11—6b

もしも〈法華経〉を捧持せば　すなわち仏身、持《たも》つなり。
善男善女よ、進み出よ　わが入滅のそののちに
いったい誰が　この〈法華経〉を受持するか
仏の前《みまえ》で　誓うべし。
この〈法華経〉を持《たも》つこと、なかなか至難のことなるぞ　ほんの寸時も持《たも》つなら
われは歓喜す　その他の諸仏もまた歓喜。
かくのごときの仏教者　みんな諸仏に誉《ほ》められる
その人、すなわち勇猛《ゆうみよう》なり　精進努力の人なるぞ
よくよく戒を持《たも》ちつつ　無欲を行ずる人にして
必ず未来にすみやかに　無上の悟りを得るならん。
もしも未来の世において　この〈法華経〉を受持すれば
その人、真の仏子なり　善の境地に安住せん。
仏の滅後に　〈法華経〉の、真の教えを理解せば
その人、天界はたまた人間界　世間の人の眼《まなこ》なり。
恐怖の末世になったとき　一瞬なりともこの経を
説く人あらば、皆人は　しっかり供養をなしたまえ」

12 あらゆる人の成仏（提婆達多品《だいばだったほん》第十二）

12―1

そのとき、仏は、大勢の菩薩《ぼさつ》たちと、天人、人間、そして比丘《びく》・比丘尼《びくに》、優婆塞《うばそく》・優婆夷《うばい》に告げられた。

「わたしは過去、無限ともいうべき長い時間のあいだ、ずっと〈法華経〉を求め続けてきたが、疲れ倦《う》むことはなかった。その長い期間、わたしは常に国王となって生まれた。そして、最高の悟りを得たいと発願《ほつがん》し、不退の心でもって六波羅蜜《ろくはらみつ》を実践し、とくに布施行を修した。だから、象や馬・珍しい宝物・都や城・妻子・召使い・使用人に対する執着を持たず、自分の身命――頭・目・脳・肉体・手足・命――も惜しむことはなかった。

あの時代、人間の寿命は無量であった。わたしは仏法のために国王の位を捨て、政治のことは太子にまかせ、太鼓を打ち鳴らして、四方に法を求める宣言をした。

『誰か、わたしのために大乗の教えを説いてくれる者がいるか？　わたしはその人に終身仕え、必要な物を供し、使い走りもしよう』

すると、一人の仙人がやって来て王に言う。

『わたしは〈妙法蓮華経〉と呼ばれる大乗の教えを知っている。あなたがわたしに素直に従うならば、わたしはあなたにそれを教えよう』

王は仙人の言葉を聞いて、躍り上がらんばかりに喜び、早速に仙人に仕えた。仙人の求める物を供給し、果実を採り、水を汲み、薪《たきぎ》を拾い、食事を作り、さらにみずからの身体を坐具にしてその上に仙人を坐らせるといったような奉仕をしたが、疲れ倦むことはなかった。その奉仕は千年にわたって続けられた。仏法のために、精進努力して仙人に給仕したのである」

12—2

仏は比丘たちに告げられた。

「そのときの国王というのは、すなわちわたしである。そのときの仙人は、現在の提婆《だいば》達多《だった》(デーヴァダッタ)である。提婆達多は勝《すぐ》れた指導者であって、わたしに六波羅蜜や慈・悲・喜・捨を教え、その結果、わたしは、仏が具《そな》えるあらゆる特徴と、仏が持つ神通力《じんずうりき》や超能力を獲得できたのだ。わたしが最高・窮極の悟りを開いて仏となり、広く衆生を救うことができるのも、すべて提婆達多という勝れた指導者のお蔭である」

12—3

仏は人々に告げられた。

「提婆達多はこのあと無量の劫《こう》が経過したのち、まさしく仏となるであろう。その仏の名は〝天王如来《てんのうにょらい》〟、その仏国土を〝天道《てんどう》〟という。天王仏の寿命は劫を二十倍した期間。そのあいだ天王仏は衆生のために〈法華経〉を説かれ、ガンジス河の砂ほど多数の人々が阿羅漢《あらかん》となり、また無量の衆生は辟支仏《びゃくしぶつ》への道を歩み、さらにガンジス河の砂のごとき多数の衆生は仏に向かう心を発《おこ》して安らぎの智慧を得て、不退転の境地に達する。また、天王仏が入滅されたのち、劫を二十倍した期間、正法《しょうぼう》が存続する。その期間、天王仏の全身の仏舎利を納めた七宝の塔――高さ六十ヨージャナ、縦・横ともに四十ヨージャナ――が建立され、多くの天人や人間が華《はな》・抹香《まっこう》・焼香・塗香《ずこう》・衣服・装身具・旗や幟《のぼり》・宝の天蓋《てんがい》・音楽・詩歌を献じてその七宝の宝塔を礼拝し、供養する。無量の衆生は阿羅漢となり、無数の衆生は辟支仏となり、数えられぬ衆生は仏に向かう心を発《おこ》して不退転の境地に達する」

12—4

仏は比丘たちに告げられた。

「未来の世において、〈法華経〉のこの「あらゆる人の成仏」の章を聴聞した善男善女が、清浄な心でもってこれを信じ、疑惑を持たないようであれば、その人は地獄・餓鬼・畜生に生まれることなく、十方世界にまします仏の前《みまえ》に生まれ、その処《ところ》において常に〈法華経〉を聴聞することができよう。もし娑婆《しゃば》世界で人間界や天界に生まれるならば、そこにおいて勝れた楽を受け、やがて諸仏のまします他の仏国土の蓮華のうちに生まれよう」

12—5

そのとき、下方世界から来臨した多宝世尊の付き人である、〝智積《ちしゃく》〟という名の菩薩が、多宝仏に申し上げた。

「そろそろ、本土に帰還されてはいかがでしょうか」

すると釈迦牟尼《しゃかむに》仏が智積に言った。

「善男子よ、しばらく待ちなさい。いま、ここに、〝文殊《もんじゅ》〟という名の菩薩がやって来る。彼と会って、いろいろ法談をされたのち、本土に還られるがよかろう」

そのとき、文殊菩薩が、大きな車輪のごとき千葉《せんよう》の蓮華の上に坐し、同様に宝の蓮華の上に坐した仲間の菩薩を引き連れて、大海の底のサーガラ竜王の宮殿からやって来た。彼は虚空を飛んで霊鷲山に詣で、蓮華より降りて仏の前《みまえ》に進み、釈迦仏と多宝仏の足《みあし》を頭にいただいて敬《きょう》礼《らい》し、礼拝を終えたのち智積のところに行った。二人はともに挨拶をし、そのあと一隅に坐った。

智積菩薩が文殊菩薩に問うた。

「あなたが竜宮に行って教化された衆生は、いったいどれぐらいの数ですか?」

文殊菩薩が答えた。

「その数は無数で、とても数えることはできません。言葉で言うこともできないし、心であれこれ推測もできません。だが、しばらく待ってください。わたしの言うのが嘘でないことが、すぐに証明されます」

その言葉が終らぬうちに、宝の蓮華に坐した無数の菩薩が海より出現し、霊鷲山に詣で、虚空に浮かんだ。これらの菩薩は、すべて文殊菩薩が教化した人たちである。彼らは菩薩の道を実践し、口々に六波羅蜜の意義を説いた。過去に声聞《しょうもん》であった人たちは、虚空にあって声聞の教えを説いてはいるが、彼らもまた実際は、大乗の空《くう》の教義に従って修行している人たちである。

文殊菩薩は智積菩薩に言った。

「わたしが大海において教化した成果は、このようなものです」

すると智積菩薩が、詩でもって称讃をした。

「大徳よ、智慧あり、そして勇健で　無量の人を教化した。
ここに集まる人たちと　わたしもともにすでに見た。
世界の真実、説き明かし　一仏乗を教化して
広く衆生を導いて　悟りの世界に入らせた」

文殊菩薩が言った。

「わたしは海中にあって、ただ〈法華経〉のみを説いていました」

すると智積が文殊菩薩に尋ねた。

「〈法華経〉は非常に奥深く、高遠であり、多くの経典中の至宝、不思議な経典です。あなたが教化された人々のうち、精進努力して〈法華経〉にもとづいて修行し、それですみやかに仏となることのできた者がいるでしょうか？」

文殊菩薩が答えた。

「いますよ。サーガラ竜王の娘がそれです。彼女はまだ八歳ですが、智慧があり、衆生がいかなる素質を持ち、いかなる行為をするかをよくわきまえ、記憶力抜群、諸仏の教えの奥義をよく受持し、瞑想に入って仏法の真理を悟り、ほんの一瞬にして仏の悟りへと向かう心を発《おこ》して、不退の境地に達しました。その弁舌は自由自在、衆生に対する慈しみは、あたかも母がわが子に対するようなものです。彼女はさまざまな功徳を積んでおり、心に思うこと、口で述べるこ

とはきめ細やかで、慈悲と人情にあふれています。彼女の心は柔和であって、だからよく悟りに達したのです」

すると、智積菩薩が言った。

「わたしは釈迦如来のことを考えるのですが、世尊は計り知れぬほどの長い期間を難行・苦行され、多くの功徳を積み、弛《たゆ》むことなく菩薩の道を歩まれました。この三千大千世界の中で、ほんの芥子粒《けしつぶ》ぐらいの土地であっても、釈迦菩薩がその土地で身命を捨てて修行されなかった土地はありません。それもこれも、すべては衆生済度のためです。そのような修行ののちに、世尊は悟りを開かれたのです。この竜女が、ほんの短時間で悟りを得たなんて、とても信ずることはできません」

智積菩薩の言葉が終る前に竜王の娘が出現して、世尊の両足を頭にいただいて礼拝した。そして一方に退いて、詩でもって世尊を讃《ほ》め称《たた》えた。

「罪業・福徳、関係なし　あまねく十方照らされる
そのお姿は清浄・純潔　瑞相の数、三十二
吉相の数は八十　それにて身を飾られる。
天人たちも人間も、世尊を仰ぎ　竜神も、みんな世尊を恭敬《くぎょう》する
およそ生あるもののうち　世尊に帰依せぬ者はなし。

わたしが〈法華経〉聴聞し、それで悟りを得たことは　ただ仏のみが知りたもう。
わたしは大乗の法を説き　救うであろう、苦の衆生」

12―6

すると舎利弗《しゃりほつ》（シャーリプトラ）が竜女に言った。

「そなたは、やがてまもなく無上の悟りに到達すると思っているようだが、わたしにはとうてい信じられない。なぜかといえば、女性の身体は汚れており、仏の教えを理解できる器《うつわ》ではない。ましていわんや無上の悟りを得ることなど、絶対にあり得ない。また、仏道ははるかに長い長い道程であって、無量劫という長い長い時間をかけ、精進努力し、六波羅蜜の行を完成して、そののちに成就されるものだ。さらに、女性には五つの障《さわ》りがあって、梵天《ぼんてん》・帝釈天《たいしゃくてん》・魔類の王・転輪聖王《てんりんじょうおう》・仏になることができぬのである。どうして女性であるそなたが、すみやかに仏となることができようか」

そのとき、竜女は手に宝珠《ほうじゅ》を持っていた。その価は、三千大千世界全体に匹敵するものである。彼女はそれを仏に献じ、仏はそれを受け取られた。

竜女は智積菩薩と舎利弗尊者に言った。

「わたしは宝珠を世尊に献じ、世尊はそれを受け取ってくださいました。これには、あまり時間がかかっていませんね」

「そうだ。まことにすみやかであった」という答え。

「では、お二人は神通力でもって、わたくしの成仏を見てください。それは、これよりもなおすみやかですよ」と竜女が言う。

そのとき、その場の聴衆が注視するなか、竜女はたちまちに男子に変わり、そして菩薩の道を歩んで、南方の無垢《むく》という名の世界に行って、宝の蓮華の上に坐して仏となる。その仏には三十二の瑞相と八十の吉相があり、十方世界にいる一切衆生のためにすばらしい教えを説いている。聴衆はそのような光景を目《ま》の当たりにしたのであった。

そのとき、娑婆世界の菩薩と声聞、天人や竜神といった人間および人間にあらざる者たちは、かの竜女が仏となって人間や天人たちに説法している光景を拝見し、心は喜びにうちふるえ、はるか遠くから礼拝をなした。無垢世界の無量の衆生は、仏の教えを聴聞してよく理解し、不退の境地に達し、未来に仏となるといった記《き》を受けることができたのであった。そのため、無垢世界の大地は震動した。

そして、娑婆世界においては、三千の衆生が不退の境地に達し、また別の三千の衆生は仏に向かって歩もうとする心を発《おこ》して、釈迦仏から未来において仏になれるという記を受けることができたのであった。智積菩薩と舎利弗、またその場の一同は、じっと沈黙したままその事実を信受した。

13 〈法華経〉を説き弘める（勧持品《かんじほん》第十三）

13―1

そのとき、薬王菩薩《やくおうぼさつ》と大楽説菩薩《だいぎょうせつ》は、二万人の菩薩たちとともに仏前に進み出て、次のような誓いの言葉を述べた。

「どうか世尊よ、心配なさらないでください。わたしたちは仏の入滅後、まさしくこの経典を受持し、読誦《どくじゅ》し、説き続けます。後世の衆生たちは善をなさんとする心が少なく、増上慢《ぞうじょうまん》の者が多く、信者からの供養を貪《むさぼ》り、不善の心を増大させ、解脱《げだつ》からますます遠ざかるばかりで、教化することはなかなか難しい。けれども、わたしたちは大きな忍耐心をもち、この経を読誦し、持《たも》ち、説き、書写し、さまざまな供養をすることに身命を惜しみません」

次いで聴衆の中の五百人の阿羅漢《あらかん》――彼らはすでに授記された者である――が、仏に申し上げた。

「世尊よ、わたしたちもまた誓います。他の仏国土において、この経を説きます」

また、すでに修学が完成した者、いまだ修学中の八千人――彼らも授記を得ていた――が、座より起《た》ちて合掌し、仏に向かって誓いの言葉を述べた。

「世尊よ、われらもまた他の仏国土において、広くこの経を説きましょう。なぜかといえば、この娑婆《しゃば》世界の人々は悪質な人が多く、増上慢で、功徳が少なく、怒りという煩悩《ぼんのう》で心が濁り、他人への媚《こび》・へつらいが強く、実直な心でないからです。だから娑婆世界での布教は、われわれには荷が重いのです」

13―2

そのとき、仏の叔母にあたる摩訶波闍波提比丘尼《まかはじゃはだいびくに》(マハープラジャーパティー)と六千人の比丘尼たちが座より起《た》ちて合掌し、仏の尊顔をじっと仰ぎ見て、その目を瞬時もそらすことがなかった。すると世尊は彼女に告げられた。

「どうして、そのような悲しそうな目で如来《わたし》を見るのか? そなたは心のうちで、わたしがそなたの名前を挙げて、最高・窮極の悟りを得るといった記《き》を授けないのかと、不満に思っているのであろう。摩訶波闍波提よ、わたしは先に、一切の声聞《しょうもん》に記を授けた。その一切の声聞のうちに、そなたも含まれている。

けれども、いま、そなたが自分だけの特別の記を知りたいのであれば、そなたは将来、六万八千億の諸仏の教えを学んだのちに大法師《だいほっし》となるであろう。また、そなたが率いる六千人の比丘尼たちも法師となる。そしてそなたは次第次第に菩薩の道を歩んで、まさしく仏になることを得る。その仏の名は〝一切衆生喜見《いっさいしゅじょうきけん》如来〟。摩訶波闍波提よ、この一切衆生喜見如来が六千人の菩薩に次々に記を授けて、彼らをして最高・窮極の悟りに到達せしめるであろう」

13—2・2

そのとき、羅睺羅《らごら》（ラーフラ）の母、すなわち出家される前の釈迦世尊の妻であった耶輸陀《やしゅだ》羅《ら》比丘尼（ヤショーダラー）は、こんなふうに思った。

〈世尊は大勢の人に記を授けられたのに、わたしの名前は言ってくださらなかった〉

仏は耶輸陀羅に告げられた。

「そなたは、将来、百千万億の諸仏から教えを学び、菩薩の道を歩んで大法師となる。そしてやがて仏道を完成させて、善《よ》き仏国土においてまさしく仏となることができる。その仏の名は〝具足千万光相《ぐそくせんまんこうそう》如来〟。その仏の寿命は無量・無数の劫《こう》である」

13—2・3

そのとき、摩訶波闍波提比丘尼と耶輸陀羅比丘尼、そしてその仲間の比丘尼たちは、かつてなき大歓喜にあふれ、仏の前《みまえ》で詩でもって感激を述べた。

「世尊はまことに良き導師　われら天人・人間を、安穏ならしめたもうなり。

われらは記を受け　心は安心、満足す」

もろもろの比丘尼たちは、この詩を唱えたあと仏に申し上げた。

「世尊よ、わたくしたちもまた、他の仏国土において、この経を説き弘《ひろ》めましょう」

13—3

そのとき世尊は、八十万億を一千億倍した大勢の菩薩たちに、じっと慈眼《じげん》をそそいでおられた。これらの菩薩は、記憶力抜群、みな不退の境地に達し、休まず法輪を転じている人たちである。彼らは座より起《た》ち、仏前に進み、合掌しつつこう思った。

〈もし世尊がわれらに、この経を持《たも》ち説けと命じてくだされば、われらは仏の教えのままにこの経を宣教しよう〉

そして、またこのように思った。

〈けれども、仏はいま、沈黙されたまま何も言われない。では、われらはどうすればいいのか……？〉

そして菩薩たちは、仏の意向に従い、またみずからが立てた過去世の誓願にもとづいて、次のような誓いの言葉を発した。
「世尊よ、われらは如来が入滅されたのちも、十方世界の隅々《すみずみ》にまで往き、多くの衆生にこの経を書写させ、受持させ、読誦させ、その意味を解説し、教えの通りに修行させ、正しく記憶させるようにいたしましょう。しかし、それができるのも、われわれの力によってではなく、仏のお力によるものでございます。願わくば世尊よ、遠き仏国土においでになられましても、わたしたちを守護してください」

13—3a

そのあと、大勢の菩薩たちは、声を合わせて次のような詩を唱えた。

「心配めさるな、釈迦世尊　仏の入滅されしそののちの
恐ろしき世、悪世に　われらは〈法華経〉説き弘む。
無知なる人がいて　悪口《わるぐち》・罵言《ののしり》浴びせかけ
そして刀杖《とうじょう》加うとも　われらはまさに忍ぶべし。
悪世における比丘《びく》たちは　邪悪の智恵あり、心は曲がり
悟りもないのにうぬぼれて　高慢・天狗になっている。
林に住んで　襤褸《ぼろ》を着て

真《まこと》の道を歩めりと、みずから過信し　他人を軽蔑。
その実、彼らは欲だらけ　在家の人に法を説き
神通《じんずう》を得た聖者だと　称讃浴びるが彼らの目的。
彼らは悪心ばかりなり　常に世俗の名誉を求め
林に住むのをいいことに　それでわれらを攻撃し
こんな言葉を吐くだろう。『この人たちは悪い奴
利欲を貪るそのために　外道の教えを宣伝し
おかしな経典つくっては　世間の人をたぶらかし
名聞《みようもん》求めるそのために　〈法華経〉なる経、捏造《ねつぞう》す』
いつも彼らは世の中で　われらの名誉を貶《おと》すため
国王・大臣　婆羅門《ばらもん》・居士《こじ》
その他多数の比丘たちに　われらの悪を誹謗して
『邪見の人だよ、奴らはね　外道の教えを説いている』
仏を敬うわれら故　かかる悪をも耐え忍ぶ。
たとえ彼らに侮辱され　『お偉い人だね、如来様』
そんなからかい受けようと　われらはそれを忍ぶべし。

濁れる時代の悪しき世は　多くの恐怖が溢《あふ》れ満つ
人の心に悪鬼が住み　きっとわれらを罵らん
われらは仏を敬うその故に　まさしく着るよ、忍辱《にんにく》の鎧《よろい》。
この〈法華経〉を説くために　いかなる難事も耐え忍ぶ。
われらは身命惜しまずに　無上の教えを惜しむなり。
われらは来世、いつまでも　仏の依頼を果たすなり。
世尊はよくよくご存じだ　濁れる時代の悪い比丘
方便講じた仏の法　それをさっぱり知らずして
われらに悪口《わるぐち》浴びせかけ　あげくの果ては塔寺より
われらを追放せんとする。　かかるがごとき彼らの悪業
仏の誡め思う故　われらはすべて耐え忍ぶ。
村のあちこち大都会　法を求むる者あらば
われらはそこの場所に行き　仏より依頼の法を説く。
われらは世尊の使者なれば　いかなる人をも怖れまじ。
われらは説くよ、善き教え　仏よ、安心されたまえ。
われらは仏の御前《おんまえ》で　それから十方世界の諸仏の前《みまえ》

かくのごときの誓いをなす。

仏よ、われらの心を知ろしめせ」

14 安楽な生き方（安楽行品《あんらくぎょうほん》 第十四）

14—1

そのとき、文殊菩薩《もんじゅぼさつ》が仏に申し上げた。

「世尊よ、ここにおられる菩薩たちは、なかなか希有《けう》な人たちです。心から仏に帰依しているが故に、

——のちの悪世において、この〈法華経〉を護持し、読誦《どくじゅ》し、説こう——

といった大きな誓願を発《おこ》しました。

世尊よ、では、菩薩は、のちの悪世において、どのような態度でこの〈法華経〉を説けばよいのでしょうか？」

14—2

仏は文殊菩薩に教えられた。

「のちの悪世において、もし菩薩がこの経を説こうとするならば、次の四つの規範を守るべきである。

まず第一に、自分の身の振舞い方に気をつけ、そして何に近づけばよいかに気をつけて、衆生のためにこの経を説くべきである。

文殊よ、菩薩の身の振舞い方の基本は何か？　常に忍辱《にんにく》の心境にあり、柔和にして善を心掛け、乱暴でなく、いかなることにも驚かないことである。そしてまた、一切が空《くう》であると観じて、現象形体に執着せず、なおかつすべての事物はあるがまま、そのままの相《すがた》だと観じて、事物に執着せず、あれこれ分別しない。それが菩薩の身の振舞い方の基本である。

次に、菩薩は何に近づけばよいか？　菩薩は、国王・王子・大臣・高級官僚に近づいてはならない。また、もろもろの外道・婆羅門《ばらもん》の修行者・ジャイナ教徒や、文筆家や仏教以外の歌人、唯物論者・精神至上主義者に近づいてはならない。さらに、つまらぬ勝負事や拳闘・相撲にうつつを抜かす者、自分の体を痛めつける者や手品師などに近づいてはならない。また、チャンダーラと呼ばれる奴隷階級の人、猪《いのしし》・羊・鶏《にわとり》・狗《いぬ》を飼う人、猟師・漁師や破戒の人に近づいてはならない。ただし、これらの人が向こうからやって来れば、その人のために説法してもよいが、こちらから進んで接近してはいけない。また、声聞乗《しょうもんじょう》にしか関心のない比丘《びく》・比丘尼《びくに》・優《う》婆塞《ばそく》・優婆夷《うばい》に近づくな。こちらから出向いて行くな。僧房の中、経行《きんひん》の場所、あるいは講堂においても、一緒になってはならない。あるいは向こうから訪ねて来れば、法を説くのも許されようが、こちらから接近すべきではない。

文殊よ、菩薩はまた、女性に説法するとき、相手に欲望を抱いてはならない。女性を見たいと思ってはならない。もし他人の家を訪問することがあれば、少女や処女、寡婦といちゃいちゃしてはならない。さらに、男性能力が欠除しているとされる、男であって男でない五種類の者に近づき、懇《ねんご》ろになるな。たった一人で他家を訪問するな。仕方なく一人で訪問するときは、ただ一心に仏を念ぜよ。もし女性に法を説くときは、歯をむきだしにして笑うな。胸を露出させるな。いくら法のためといっても、必要以上に親しくするな。いわんや法のため以外のときは。幼少の弟子、沙弥《しゃみ》や幼児を身近に置くな。また、彼らと一緒に同じ師につこうと思うな。常に坐禅を好み、閑静な場所にいて心を制御する修行をせよ。

文殊よ、以上が、菩薩の近づくべきものの第一である。

また次に、菩薩は、すべては空であり、あるがままの相《すがた》であり、ひっくり返ることなく、動ぜず、退せず、転ずることなく、虚空のごとくにして実体なく、言語でもって表現不可能、生ぜず、出《い》でず、起こらず、名称もなく、相《すがた》もなく、それがあるということもなく、量ることができず、辺際もなく、何物かに妨げられたり、あるいは何物かの障害になったりすることはない――と観ぜよ。ただ因縁によって存在するのであって、それを倒錯して見るから実体があると見、それに執着するのである。このようなものの見方をするのが、菩薩の近づくべきものの第二である」

14—3

「文殊よ、如来の入滅後の末法の世において〈法華経〉を説かんとする者は、まさに安楽な生き方をしなさい。口でもって教えを説くとき、あるいは経を読むとき、他人や経典の欠点を説いてはならぬ。他の法師《ほっし》を軽《かろ》んずるな。他人の好・悪・長・短を説くな。声聞の人に対して、その名前を挙げて過失を説くな。逆に、名前を挙げて美点を褒めるのもよくない。また嫌悪の情を抱くな。そのように心掛けるなら、安楽な生き方ができる心の修行ができるのだ。したがって、聴衆の意に無理に逆らってはならぬ。むずかしい質問をする者がいれば、小乗の教えでもって答えてはならぬ。ただ大乗の教えでもってのみ答え、解説して、その人に一切の事象を知り尽くす智慧を得さしめよ」

14—4

「文殊よ、菩薩が、後世、法が滅せんとするときに、この経典を受持し、読誦せんとするならば、嫉妬・諂《へつら》い・欺《あざむ》きの心を持ってはならない。また、仏道を学んでいる者を軽んじ罵り、その人の長所・短所を批判するな。比丘・比丘尼・優婆塞・優婆夷がそれぞれ声聞《しょうもん》・縁覚《えんがく》・菩薩の道を歩んでいるとき、その人たちに、

『あなたがたは道から遠く離れている。それだと、一切の事象を知り尽くす智慧に到達することはできない。なぜかといえば、あなたは怠け者であって、真剣に道を歩んでいないからだ』

と言って、その人たちを悩まし、不安にさせてはならぬ。さらにまた、あれこれ法論をたたかわしてはならない。大悲の心でもってすべての衆生を見、諸仏を見るとき慈父を想い、もろもろの菩薩を見るとき大師を想え。十方世界にまします大菩薩を、常に深き心でもって恭敬《くぎょう》し、礼拝すべし。依怙贔屓《えこひいき》せず、すべての衆生に平等に法を説け。法に従って、多くもせず少なくもせず、そして深く法を愛する者がいても、その人のために特別に多くを説くようなことはするな。

文殊よ、後世、法が滅せんとするときに及んで、この第三の安楽の生き方をする菩薩は、〈法華経〉を説くに際して悩み乱れることはない。彼は良き同学の士を得、ともにこの経を読誦する者を得るであろう。また、彼の所に聴聞に来る大衆《だいしゅ》――聴聞したのちそれをよく持《たも》ち、そしてよく誦《じゅ》し、よく説き、よく書き、また人をして書かしめ、経巻を供養し、恭敬し、尊重し、讃歎する者――を得ることができるであろう」

14—5

「文殊よ、後世の、法が滅せんとするときに及んで、この〈法華経〉を受持する菩薩がいれば、在家・出家の人々に対しては大慈の心を発《おこ》し、菩薩でない人々に対しては大悲の心を発《おこ》して、こう思うべきだ。

〈この人たちはまちがって、如来が方便を講じて説かれた教えの真髄を聞かず、知らず、覚《さと》らず、問わず、信ぜず、解せざるなり。しかし、この人たちがこの経を問わず、信ぜず、解せずといっても、わたしは最高・窮極の悟りを得たとき、いずれの地にあろうとも、神通力《じんずうりき》と智慧力でもって、この人たちを導いて、この教えに入らしめよう〉と。

文殊よ、如来の滅後、この第四の方法を実践する菩薩は、この〈法華経〉を説くとき、まちがいをしでかすことはない。その人は、常に比丘・比丘尼・優婆塞・優婆夷・国王・王子・大臣・民衆・婆羅門・居士たちから供養を受け、恭敬せられ、尊重せられ、讃歎されるであろう。虚空にいる諸天諸神は、その人から法を聴かんがために常に近くにいる。彼が村や都会、人里離れた場所、あるいは林の中にいるとき、難問をぶつけるべく人がやって来れば、諸天諸神が昼夜を問わずに彼を守護して、よく質問者をして歓喜せしめるであろう。なぜかといえば、この経典は、過去・未来・現在の一切諸仏の神力によって護られているからである」

14—6

「文殊よ、この〈法華経〉は、無数にある仏国土のどこにおいても、その名さえ聞くことのできないものである。ましていわんや、これを見、受持し、読誦することは滅多にできぬ。

文殊よ、たとえば、剛力《ごうりき》なる転輪聖王《てんりんじょうおう》がいて、威力でもって諸国を降伏《ごうぶく》しようとする。ところが、小さな国の王が服従しようとしない。そうすると、転輪聖王は武力でもってその国に侵攻する。王は、戦功のあった兵士に喜んで褒美を与える。あるいは田や宅地・村落・都市を与え、あるいは衣服・装身具、あるいは珍宝・金・銀・瑠璃《るり》・硨磲《しゃこ》・碼碯《めのう》・珊瑚《さんご》・琥珀《こはく》、象や馬の車、奴婢《ぬひ》や人民を与える。けれども、髻《もとどり》の中にある宝珠《ほうじゅ》だけは、これを与えることはない。なぜか？　この宝珠は王の頭頂にのみあるべきものであって、もしこれを与えることがあれば、王の一族の者たちはびっくり仰天するに違いないからである。

文殊よ、如来もまた、それと同じだ。如来は禅定と智慧の力でもって仏法の王国を得、三界を支配する王である。だが、もろもろの魔王たちは如来に服従しない。それで如来の配下の諸将たちが、力を合わせて魔王と戦う。そして軍功のあった諸将に、如来は喜んでさまざまな経を説いて喜悦《きえつ》させる。諸将たちに下賜《かし》するに、禅定・解脱《げだつ》・煩悩《ぼんのう》を克服する素質と能力等々の仏法の財《たから》をもってし、また涅槃《ねはん》の城を与えて、『そなたは解脱することができた』と言って、その人の心を誘導して、人々に喜びを与える。けれども、この〈法華経〉を説くことはしないのだ。

文殊よ、ちょうど転輪聖王が、多くの武将のうちで偉大なる功績を挙げた者に対して、歓喜のあまり、みだりに人に与えることのない、髻の中に長いあいだとどめておいたすばらしい宝珠をついに与えるのと同じく、如来もまたそうするのだ。如来はこの三界において法の大王であるから、法をもって一切衆生を教化する。配下の将兵が、肉体といった悪魔・煩悩といった悪魔・死という悪魔を相手に奮戦し、大きな功績を挙げ、貪《むさぼ》り・怒り・愚かさといった敵を降伏させ、この三界を出て魔の軍勢を撃破するのを見れば、そのとき如来は歓喜のあまりこの〈法華経〉を説いて、衆生をして一切の事象を知り尽くす智慧に到達させる。だが、この世間には、それがかえって仇《あだ》となることもあり、またそれを信じられない人も多いので、如来はこれまで〈法華経〉を説かなかったのだが、いま、これを説くのだ。

文殊よ、この〈法華経〉は、もろもろの如来が説かれた経典中の第一である。多くの経典中、この〈法華経〉こそが最も深遠であるから、あたかも転輪聖王が久しく秘蔵せる宝珠を最後に与えるのと同じく、如来もこれを最後の最後の段階になって与えるのだ。

文殊よ、この〈法華経〉は諸仏の秘蔵する経典であるから、他のもろもろの経典の最上位にあり、それ故、長きにわたってこれを守護して、みだりに説くことはしなかった。それを今日はじめて、あなたがたに与え、説いているのだ」

15　大地から出現した菩薩たち（従地涌出品第十五《じゅうじゆじゅつほん》）

15—1

そのとき、他の仏国土からやって来た、ガンジス河の砂を八倍したほどの多数の菩薩《ぼさつ》が、聴衆の中で起立し、仏を合掌して礼拝し、このように申し上げた。

「世尊よ、もしお許しいただけるなら、仏が入滅されたのちのこの娑婆《しゃば》世界において、わたしたちが精進努力して、この経典を護持・読誦《どくじゅ》・書写・供養し、広宣流布をさせていただきたいと思います」

15—2

すると、仏が大勢の菩薩たちに告げられた。

「やめなさい、善男子よ。あなたがたがこの経を護持する必要はない。なぜか？　この娑婆世界に、ガンジス河の砂を六万倍したほどの多数の菩薩がおり、その菩薩の一人一人に同じ数だけの従者がいるからである。彼らがわたしの入滅後、この経を護持・読誦して、広宣流布してくれるであろう」

15―3

仏がそう言い終るや否や、娑婆世界の三千大千の国土の大地が震動し、無数の割れ目が生じ、そこから無量千万億の菩薩が涌《わ》くがごとくに出現した。その多数の菩薩たちは、身体がみな金色《こんじき》であり、三十二の瑞相を持ち、無量の光明に輝いていた。彼らはそれまで、娑婆世界の下にひろがる大きな虚空の中にいたのである。彼らは、釈迦牟尼《しゃかむに》仏の声を聞いて、大地の下から出現したのであった。これらの菩薩は大衆《だいしゅ》の指導者であり、それぞれがガンジス河の砂を六万倍、五万倍、四万倍、三万倍、二万倍、一万倍した数の従者を引き連れていた。さらに、ガンジス河の砂に等しい従者を引き連れる者もおり、その半分、四分の一、さらにその千万億の千万億分の一の従者を引き連れた者もいた。いや、億万の従者、千万、百万、そして一万の従者、さらに一千、一百、十人の従者、また五人、四人、三人、二人、一人の弟子を引き連れて来た菩薩もいた。あるいは、世俗を離れて修行する菩薩は単独でやって来た。その菩薩の数は無量・無数であって、計算できないし、譬喩《ひゆ》でもって語ることもできない。

これらの菩薩は大地より出現すると、それぞれが、空中に浮かぶ七宝の塔にまします多宝如来と釈迦牟尼仏の前に進み、二世尊の足《みあし》に頭をつけて礼拝し、さらに宝樹の下の獅子座《ししざ》に坐っておられる諸仏を拝礼し、右廻りに三度回り、合掌し恭敬《くぎょう》し、いちいちの諸仏をそれぞれにふさわしい言葉でもって称讃・讃歎し、そして一面に退いて着座し、喜んで二世尊を仰ぎ見た。大地から出現した無数の菩薩の全員がこれを終るまでに、五十劫《こう》という時間が経過した。その間、釈迦牟尼仏は沈黙のまま坐しておられ、そこにいた聴衆も、五十劫のあいだ沈黙していた。ところが、その長時間を、人々はほんの半日のように感じた。また、そこにいた人々は、仏の神力によって、虚空の中に充満している無量百千万億の菩薩を見ることができた。

この大勢の菩薩の中に、四人の指導者がいた。一人は上行《じょうぎょう》菩薩、第二は無辺行《むへんぎょう》菩薩、第三は浄行《じょうぎょう》菩薩、第四を安立行《あんりゅうぎょう》菩薩という。この四菩薩は、大勢の菩薩たちの中で、最上位の指導者である。彼らは菩薩たちの最前列にいて、合掌しつつ釈迦牟尼仏を仰ぎ見、このように挨拶した。

「世尊よ、病むこと少なく、悩みも少なく、安楽にお過ごしでいらっしゃいますか？　また、世尊が済度されます衆生は、素直に教えを受けていますか？　世尊を疲労させるようなことはありませんか？」

15—4

すると世尊は、こうお答えになった。

「そうだ、そうだ、その通りである。善男子たちよ、如来は安楽にして、少病・少悩なり。大勢の衆生は教化しやすく、疲れることはない。なぜかといえば、このもろもろの衆生は過去世においてずっとわたしの教化を受け、また過去の多数の諸仏に供養し、尊重し、善根を積んできたからである。このもろもろの衆生は最初にわたしと出会い、わたしの教えを聞いてそれを信じ、そして如来の智慧を得ることができた。ただし、最初に小乗と出会って、その教えを学んだ者は除外する。しかし、そのような人々にも、わたしはいまこの経を教え聞かせて、仏の智慧を得るようにさせようと思っている」

15—4・2

そして世尊は、上位の指導者である四人の菩薩を誉《ほ》められた。

「善《よ》いかな、善いかな、善男子よ。そなたたちは、如来《わたし》に歓喜の心を発《おこ》させてくれました」

15—5

そのとき、弥勒《みろく》菩薩とガンジス河の砂を八千倍したほどの多数の菩薩たちは、みな、心の中でこう考えた。

〈われわれはこれまで、かくも多数の菩薩たちが大地より出現し、世尊の前に進み出て合掌し、供養し、世尊に挨拶の辞を述べるようなことを、見たことがない〉と。

そして弥勒菩薩は、大勢の菩薩たちが自分と同じ疑問を持っていることを知り、その疑問を解決するため、合掌して、仏に詩でもって尋ねた。（散文と重複する部分は省略します。）

「無量千万億の　これらの菩薩
いまだかつて見たことなし　どうか世尊よ、説きたまえ。
いったいどこから来られたか　どういうわけでここにいる。
立派なからだで力あり　智慧もいっぱいお持ちだよ
意志力堅固　耐える力もすばらしく
お会いしたい菩薩たち　どこからここにやって来た。
…………　…………
威徳すぐれた菩薩たち　しかもなおかつがんばり屋

誰が彼らに法を説き　教えてここまで育てたか。
誰に出会って発心《ほっしん》し　いずれの仏法よく学び
いかなる経典受持したか　いずれの仏道歩んだか。
数えられない多くの菩薩　神通力《じんずうりき》あり智慧もあり
突然、大地が震動し　中から大勢飛び出した。
世尊よ、われらはこんなこと　いまだかつて見たことなし
彼らが属する国の名を　教えてください、願います。
わたしは諸国に遊学せり　けれども彼らを見たことなし。
忽然《こつぜん》、涌《わ》き出た菩薩たち　すごい数だがその中の
たった一人もわれ知らず。　どうかそのわけ説きたまえ。
いま、ここにいる聴衆は　百千万億、数知れず
みんながみんな思ってる　不思議な出来事、知りたいと。
これら無数の菩薩には　必ず因縁あるはずだ。
無量の徳ある釈迦世尊　どうかお教え願います」

15—6 一方、無量千万億の他の仏国土よりやって来た釈迦牟尼仏の分身の仏たちは、八方にある宝樹の下にしつらえられた獅子座の上で結跏《けっか》趺坐《ふざ》していた。その侍者たちが、三千大千世界の大地より出現して虚空の中にとどまっている大勢の菩薩たちを見て、それぞれ自分が随行している仏に尋ねた。

「世尊よ、この無量・無数の、数えきれない菩薩たちは、いったいどこから来られたのですか？」

すると諸仏は、それぞれ自分の侍者に告げられた。

「まあ、しばらく待ちなさい。〝弥勒〟という名の菩薩がいる。釈迦牟尼仏が、

『彼は、わたしの次に仏となる』

と授記された菩薩だ。すでに弥勒菩薩がそのことを質問したから、仏はいま、それに答えようとしておられる。そなたは、それを聞くがよい」

15—7 そのとき、釈迦牟尼仏は、弥勒菩薩に告げられた。

「善いかな、善いかな、弥勒よ。そなたは仏に大事な質問をした。あなたがたはいまこそ、しっかりと精進の鎧《よろい》を着、堅固なる心を発《おこ》しなさい。如来はいままさに、諸仏の智慧と自在の神通力、獅子《しし》奮迅《ふんじん》の力、圧倒的な力を発揮して、それに答えようと思う」

15—8

そして世尊は、弥勒菩薩に告げられた。

「わたしはいま、あなたがたに宣言する。弥勒よ、ここにいる無量・無数の大地より出現した菩薩たちは、あなたがたが一度も見たことのない人たちだ。けれどもわたしは、この娑婆世界において最高・窮極の悟りを得て仏となったのち、これらの菩薩たちを教化し、指導し、その心を調《ととの》えさせ、仏道を歩もうとする心を発《おこ》させたのだ。このもろもろの菩薩たちは、娑婆世界の下方にひろがる虚空の中に住し、さまざまな経典を読誦し、その内容を理解し、思索し、思考し、正しく記憶してきた。

　弥勒よ、この人々は、大勢の人の前で説法することを好まず、常に静かな場所で勤め励み、精進し、休むことのない人たちである。また、天人たちに寄り掛かって生活するようなことはなく、常に深い智慧を求め、あまり心労はせず、そして常に諸仏の教えに従ってひたすら精進し、無上の智慧を求めている人たちだ」

15―9

そのとき、弥勒菩薩をはじめとする大勢の菩薩たちは、かつてなき出来事を怪しみ、疑問を抱いた。

〈世尊はごく短い時間のあいだに、どうすればかくも無量・無辺の多数の菩薩たちを教化し、彼らを最高・窮極の悟りに向かわしめることができたのであろうか?〉

そして、仏にこう申し上げた。

「世尊よ、世尊は釈迦国の太子であられましたとき、釈迦国の宮殿を出て、ガヤーの都市の近くの、ブッダガヤーの地において、菩提樹下の道場で最高・窮極の悟りを開かれました。それから現在まで、たった四十余年です。世尊よ、どうすればかかる短い時間のあいだに、このような仕事をなさることができたのですか? 仏のお力によるのですか、仏の功徳によるのですか、かくのごとく無量の菩薩たちを教化して、最高・窮極の悟りへと導くことができたのは?

世尊よ、これらの菩薩たちの人数は、人が千万億劫のあいだ数えても、数え尽くすことはできません。いや、その近くまでも数えいたることはないでしょう。この人々は、久遠ともいうべきはるかな昔から、無量・無辺の諸仏のもとでさまざまな善根を積み、菩薩の道を歩み、常に清浄の行をしてきたのです。

世尊よ、このようなことは信ずることができません。たとえば顔色もよく、髪も黒い二十五歳の人がいます。その人が百歳の人を指して、

『これはわたしの息子です』

と言い、その百歳の人も、若者を指して、

『この人はわたしの父です。わたしを養育してくれました』

と言ったとすれば、そんなことは信じることはできません。仏が言われることは、それと同じです。

仏が悟りを得られてから、それほど長い時間はたっていません。ところが、これら大勢の菩薩たちは、すでに無量千万億劫のあいだ、仏道に励み、精進し、無量百千万億回も瞑想に入り、また瞑想を出て、大神通力を得、長きにわたって仏道修行をし、善法を学び、問答に巧みであり、人間の中の宝として、世間に稀な人だとされています。今日、世尊は、自分が仏となって以後に、これらの人たちを発心させ、教化し、指導して、最高・窮極の悟りへと向かわしめた、と仰《おつしや》いました。世尊よ、世尊が仏となられてから、それほど長い時間がたっていないのに、どうしてこのような功徳ある仕事をなさることができたのですか？　わたしたちは、仏が方便のためにお説きになったこと、仏が言われた言葉は、いまだかつて虚妄《こもう》であった例《ためし》はなく、わたしたちが何を知ればよいかを仏はよくご存じであると信じておりますが、しかしながら新たに

発心したばかりの菩薩は、仏の入滅後にこのことを聞けば、あるいは信じることができずに、仏法を破滅させるといった罪を犯すはめにもなりかねません。ですから世尊よ、われらのために解説して、疑惑を取り除いてください。そうすれば、未来の世の善男善女も、それを聞いて疑いをなくすことができるでしょう」

16 仏の寿命（如来寿量品《にょらいじゅりょうほん》 第十六）

そのとき、仏は大勢の菩薩《ぼさつ》や聴衆に告げられた。

「善男善女よ、あなたがたは、如来が語る真実の言葉を信じなさい」

また、聴衆に告げられた。

「あなたがたは、如来が語る真実の言葉を信じなさい」

さらにまた、聴衆に告げられた。

「あなたがたは、如来が語る真実の言葉を信じなさい」

16—1

そうすると、弥勒をはじめとする大勢の菩薩が、合掌して仏に申し上げた。

「世尊よ、どうかお説きになってください。われらは仏の言葉《みことば》を信受いたします」

16—2

このように三たび申し上げて、そして言った。

「どうかお説きになってください。われらはまさに仏の言葉《みことば》を信受いたします」

16—3

すると、菩薩たちの三度にわたる請願を聞かれた世尊は、このように話された。

「あなたがたよ、わたしはこれから如来の秘密の力、神通力《じんずうりき》について語るから、しっかりと聴くがよい。世間の人は、いや天人も阿修羅も、みな、わたし釈迦牟尼《しやかむに》仏が釈迦国の宮殿を出て、ガヤーの都市の近郊にある菩提道場において、最高・窮極の悟りを得たと思っている。だが、そうではない。善男善女よ、わたしは悟りを開いて仏となってから今日まで、劫《こう》を百千万億倍し、さらにそれを一千億倍したほどの時間が経過しているのだ。譬《たと》えていえば、五百千万億に一千億を掛け、さらにそれを何億兆倍した三千大千世界を磨《す》り潰《つぶ》して微塵《みじん》にする。そして東に向かって歩き、五百千万億に一千億を掛け、さらにそれを何億兆倍した距離の地点にその微塵の一つを置く。それを何度も繰り返し、最後に微塵がなくなる。善男善女よ、このように膨脹《ぼうちよう》した世界の大きさを、誰か考えることができるであろうか?」

弥勒菩薩を筆頭に、大勢の菩薩が答えた。

「世尊よ、その世界は無量無辺であって、計算できるものではありません。また想像もできないものです。一切の声聞《しょうもん》および縁覚《えんがく》の汚れなき智慧を駆使しても、考えられないものです。わたしたち菩薩は不退の境地に達しておりますが、このことについてはまったくさっぱりです。世尊よ、そのような世界は、無量無辺と言うよりほかありません」

するど仏は、菩薩たちに告げられた。

「善男善女よ、それではあなたがたに分かりやすく説こう。その全世界――微塵を置いた所と置かなかった所――を全部まとめて磨り潰して微塵にする。その微塵の一個を一劫とする。わたしが仏となって以来、今日まで、そのあいだに経過した時間は、いま述べた一劫を百千万億倍し、さらにそれを一千億倍したものを無数倍したほどの長さなのだ。

その長い長い時間を、わたしは常にこの娑婆《しゃば》世界にあって法を説き、衆生を教化してきた。また、百千億兆を千億倍した無数の国においても、衆生を導き利益《りやく》した。

善男善女よ、その長き時間のあいだ、わたしは燃燈仏《ねんとうぶつ》のことなどを説き、また仏は涅槃《ねはん》に入ると言った。それはすべて方便のために説いたのだ。

善男善女よ、衆生がわたしのところにやって来れば、わたしは仏眼《ぶつげん》でもってその人の信ずる力やその他の能力の程度を観察し、それに応じてふさわしい仏の名称を教え、その仏がこの世に存在する期間の長さを教えてきた。そのために、場合によっては、『わたしはすぐに涅槃に入る』と言うこともあったたし、種々の方便を講じて深遠なる教えを説き、衆生を歓喜させたのであった。

善男善女よ、如来は、徳が少なく汚れの多き者が、それ故、小乗の教えにしか関心を示さぬのを見れば、その人のために、『如来《われ》は若くして出家し、最高・窮極の悟りを得た』と説くのである。けれども、わたしが仏になってから今日まで、いま述べたように、永遠といってよいほどの時間が経過している。にもかかわらず、方便を講じて衆生を教化して仏道に入らしめようとするために、あえてそのように説いたのだ。

善男善女よ、如来が説く経典は、すべて衆生を済度するためのものだ。それ故、ときには自身について語り、またときには他の仏について語り、ときにはみずからの仏身を示し、ときには他の仏身を示し、ときには自身の出来事、ときには他の仏の出来事を教えるが、そこで語られる言葉はすべて真実であって虚妄《こもう》ではない。なぜかといえば、如来が現象世界を見るとき、それを不生不死、不出不没と見、仏に関しても世に出現したり、入滅したりすることなく、実にもあらず虚にもあらず、如（そのまま）にもあらず不如（そのままでない）にもあらずと見て、すべてを如実に知見するからである。この如来の知見は、三界の衆生たちが三界を見る見方と、まったく違っている。如来は世界を明らかに認識し、誤ることはない。そこで、この世界にいる衆生にさまざまな性質・欲望・行為・思念・分別があるのであるから、彼らに善根を積ませるために、いろんな因縁話・譬喩《ひゆ》・表現を駆使してさまざまな教えを説くといった、仏のなすべき仕事を休むことなく続けてきたのだ。このように、わたしが仏となって以来、今日にいたるまで、無限ともいうべき時間が経過した。仏の寿命は無量千万億劫という厖大《ぼうだい》なものであり、常に存在しており、滅することはない。

善男善女よ、わたしは過去に菩薩の道を歩んで、その功徳によって仏となった、その仏の寿命はいまなお尽きていない。これまでに経過した寿命の二倍が残っている。ところが、いま、わたしは本当に入滅するのではないが、

『まさにいま、わたしは入滅する』

と宣言する。如来《わたし》はこのような方便でもって衆生を教化するのだ。いかなる理由か？　もし仏が久しきにわたってこの世に存在を続ければ、徳薄き者は善根を積もうとせず、貧乏なまま、下賤《げせん》のまま、欲望・快楽に溺れ、妄想・邪見の網に捕らわれてしまうからである。もし如来は永久に存在し、滅することがないと見れば、衆生はたちまち驕りの心を起こして怠慢になり、仏に会うことは滅多にないことだと思って仏を恭敬《くぎょう》する気持ちをなくすに違いない。そのために如来《わたし》は方便を講じて、

『比丘《びく》たちよ、まさに知るべし。諸仏が世に出現され、その諸仏に見《まみ》える機会は滅多にない』

と説く。なぜなら、徳の少ない人は、無量百千万億劫という厖大な時間が過ぎても、みんながみんな仏に見《まみ》えることができるわけではないからである。それが故に、わたしはこう言うの

だ。

『もろもろの比丘たちよ、仏に見《まみ》えることはなかなかむずかしい』と。

衆生はこのような言葉を聞いて、仏に見《まみ》えることの困難を思い、心に仏に対する恋慕の情を抱いて仏に会いたいと渇仰《かつごう》し、善根を積むべきである。そのために如来《わたし》は、実際には滅することはないにもかかわらず、しかも入滅すると言うのだ。

善男善女よ、諸仏の説く教えはこのようなものだ。衆生を救わんがための教えであるから、すべて真実であって虚妄ではない」

16—4

「譬喩でもって語ろう。

腕のよい医者がいて、智恵もあり、聡明で、薬にも詳しく、多くの病人を治してきた。彼に子どもが多く、十人、二十人、いや百人もいた。さまざまな事情があって、医師は外国に行く。その留守中、子どもは他人がつくった毒薬を服用し、その毒で七転八倒するはめになる。そのとき、父は外国から家に帰って来る。毒を服《の》んだ子どものうち、本心を失った者もいるが、そうでない者もいた。彼らは父の姿を見て喜び、跪《ひざまず》いて言った。

『よくお帰りになりました。わたしたちは愚かにも、まちがって毒薬を服みました。どうかわたしたちを救い、命を助けてください』

苦しみ悶《もだ》える子どもたちを見て、父は、色《いろ》・香《かおり》・味《あじ》のよい薬草を採って来て、それらを処方箋にもとづいて調合し、子どもたちに与え、それを服用させようとしてこう言った。

『これは良薬であり、色・香・味もよい。あなたがたは、この薬を服みなさい。そうすれば、病気が治って苦しみがなくなるよ』

子どもたちのうち、その本心を失っていない者は、すぐさま色も香もよいその良薬を服用し、病気を治すことができた。だが、残りの本心を失った子どもたちは、父が帰って来たのを見て大いに喜び、病気を治してほしいと願いはするが、でも、与えられた薬を服もうとしなかった。なぜかといえば、毒の作用がまわってしまったため本心を失い、色も香もよい薬を苦いと思ったからである。そこで父親はこんなふうに考えた。

〈この子たちはかわいそうだ。すっかり毒がまわって、心が動顛《どうてん》している。わたしを見て喜び、助けを求めているくせに、この良薬を服用しようとしない。わたしはいま、方便を講じて、彼らにこの薬を服ませてやろう〉

そして、このように言った。

『あなたがたよ、よく知りなさい。わたしはいま、老い衰えて臨終のときが迫っている。この良薬をここに置いておくよ。あなたがたはこれを服みなさい。病気が治らないなどと心配する必要はないんだよ』

そう言いおいて、父はまた外国に行き、その外国から使者を派遣して、

『あなたがたの父は亡くなった』

と告げさせた。そうすると子どもたちは、父が自分たちを見捨てて亡くなったと聞いたもので、大いに憂い悩み、こう考えた。

〈父がもしおいでになれば、わたしたちを憐れんで助けてくださるであろう。だが、父は、われらを見捨てて遠く外国で亡くなられたのだ〉と。

よく考えれば、自分たちは孤児であって、頼るべき人はいない。その悲しみの中で、心が目覚めた。そして、色・香・味のよい良薬を服用し、毒による病気はすっかり治った。その父は、子どもの病気が治ったのを聞いて、やがて外国から帰って来て、子どもたちにその姿を見せたのであった」

16―4・2

世尊は問われた。

「善男善女よ、あなたがたはどう思うか？ そもそもこの良き医師を、彼が嘘をついたと言って非難する者がいるだろうか？」

人々は答えた。

「そんな人はいません」

仏が言われた。

「わたしはこの医師と同じだ。わたしが仏となってから今日まで、無量無辺百千万億劫を無数倍した時間がたっている。衆生済度の方便のために、

『まさに入滅す』

と言うのであるが、それも法のためであって、わたしが虚妄《うそ》を言ったと非難する者はいないはずだ」

16―4a

そのとき、世尊は、以上のことを詩の形でもって繰り返された。
「わたしが仏となってから　どれだけ時間がたったやら
百千万億まだまだだ　計算できない長期間
わたしは常に法を説き　無数の衆生を教化して
仏の道を歩ませた　それから今日まで無限なり。
衆生を救う、そのために　方便講じて入滅す

けれども実には滅度《めつど》せず　いつでもわたしはここにいる。
ここにいるけど、そのわたし　あなたがたには見えないよ
神通力によるがため　近くにいるのに見えなくす。
わが入滅を見し人は　わたしの遺骨を供養せよ
恋心《こいごころ》にも似た気持ち　われに会いたい気を起こせ。
衆生が信心もったとき　素直で柔和《にゅうわ》になったとき、
仏《わたし》に会いたいと本気で懇望《こんもう》　身命《しんみょう》惜しまずなったとき
そのときわたしは弟子を連れ　霊鷲山に出現す。
そのとき衆生にわれ語る　『わたしはいつもここにいる
けれども、人を導く方便で　滅と不滅を演出す。
遠く離れた外国に、もしもあなたがいるならば　仏を敬い、信じなさい
さればわたしはそこに行き　無上の教えを説くならん』
かかる言葉を聞かざる者は　如来は入滅せりと早合点。
この世に生きる衆生たち　みんな苦海に溺れてる
だからわたしは姿を見せぬ　なんとかわたしに会いたいと
そんな気持ちになったとき　わたしは出《い》でて法を説く。

わたしは持ってる神通力　何億兆年たとうとも
わたしはいるよ霊鷲山　その他あちこち、いたるところ。
この世の終末、やって来て　人々、大火に焼かれても
わたしの浄土は安穏だ　人間・天人いっぱいだ。
花園あるし林もある、そして楼閣・宮殿は　種々の宝で飾られる
宝の樹には花が咲き、果実が生《な》るよ　人々は、楽しくそこで遊んでる。
天人たちは鼓《つづみ》打ち　妙《たえ》なる音楽奏でてる
天界に咲く花、曼陀羅華《まんだらけ》　仏と人とに撒《ま》き降らす。
わたしの浄土は滅びない　なのに人々、焼け尽きて
憂いや恐怖、苦しみの　充満せる地と見ているよ。
罪の深い人たちは　みずからつくりし悪業で
何千何億何兆年、長い時間がたとうとも　仏・法・僧の名を聞かず
でも、功徳を積みし人ならば　心が柔和で素直で
だからわたしが　ここにいて、説法するのが見えるのよ。
ときに応じて人々に　仏の命は無限と説き
長い時間のその果てに、仏に見《まみ》えた人たちに　仏に会うこと稀と説く。

わたしの智慧は深くして　智慧の光は世界を照らす
そして寿命の無限なる　すべてはわたしの修行の成果。
汝《なんじ》らよ、智慧ある者よ　疑うな
疑惑は断ち切れ　真実なるぞ仏の言葉、虚妄《こもう》にあらず
狂えるわが子を救うため　方便講じてかの医師が
死んでいないで『死んだ』と言う　あれが虚妄でないのと同じ。
われもまた、世の父なるぞ　人々の苦悩を救う者なるぞ。
逆さまに物事捉《とら》うは凡夫の常　だからわたしは生きているのに『死んだ』と言った。
いつだって、わたしに会えると思うなら　わがまま、怠慢
欲に狂い　きっと悪道に堕すからよ。
わたしは知ってる、衆生には　道を行く者、行かぬあり
それ故、相手にふさわしい　種々の教えで教化する。
わたしはいつもこう思う　〈いかにして、かかる衆生を
導きて、無上の悟りと　仏身を、得させることができようか〉」

17　功徳の大きさ（分別功徳品《ふんべつくどくほん》第十七）

17―1

そのとき、説法の座に列《つら》なっていた無数の聴衆は、仏が、

「仏の寿命はかくも長大である」

と説かれたのを聞いて、大きな利益《りやく》を得ることができた。

すると世尊は、弥勒菩薩《みろくぼさつ》に告げられた。

「弥勒よ、わたしが、このように如来の寿命が長大であると説いたとき、ガンジス河の砂を六百八十万億倍し、さらにそれを一千億倍した多数の衆生が、一切が空《くう》であり、固有の性質を持たないと認識できるようになった。また、それを千倍した大勢の菩薩が、悪をとどめ、善をすすめる力を得た。さらに、一世界を微塵《みじん》に砕いた、その微塵に等しい数の菩薩が、自由自在に教えを説けるようになった。また、それと同じ数だけの無数の菩薩が、悪をとどめ、善をすすめる力を自分だけではなく、周囲の人々にも及ぼすことができるようになった。また、三千大

千世界を砕いて微塵にした、その微塵の数ほど多数の菩薩が、いかなる困難にあっても退くことなく説法できるようになった。さらに二千の世界を微塵に砕いた数の菩薩が、何らの見返りを求めることなく説法ができるようになった。また、一千の世界を微塵にした数の菩薩が、八度輪廻転生《りんねてんしょう》するうちに最高・窮極の悟りを得ることができるようになった。四度の転生のうちに最高・窮極の悟りを得ることができるようになった菩薩の数は、四つの四州を微塵にしたのと同じ数。三度の輪廻のうちに最高・窮極の悟りを得ることができるようになった菩薩の数は、三つの四州を砕いた数だけ。二度の転生でそうなった菩薩の数は、二つの四州を砕いた数だけ。一度の転生、すなわち来世に最高・窮極の悟りを得ることができるようになった菩薩は、一つの四州を砕いて微塵にした数だけいる。さらに八つの三千大千世界を砕いて微塵にした数の無数の衆生が、最高・窮極の悟りを求める心を発《おこ》した」

17—2

仏がこのように、多数の菩薩が多大なる法の利益を得ることができると説かれたとき、虚空の中から天の華《はな》が、無量百千万億の宝樹の下の獅子座《しし ざ》におられる諸仏の上、七宝の塔中の獅子座におられる釈迦牟尼《しゃかむに》仏と多宝如来の上、さらにはその法座にいる菩薩たちや人々の上に、雨のごとくに降って来た。また、栴檀香《せんだんこう》や沈香《じんこう》があたり一面に漂い、虚空においては天の鼓《つづみ》が自然に鳴り、いい音を響かせた。天から布が舞い落ち、それに真珠・摩尼珠《まにしゅ》・如意宝珠《にょいほうじゅ》の装身具が懸けられた。香炉には高価な香が焚《た》かれ、その香が周囲に漂って、それがいい供養になった。一人一人の仏にお付きの菩薩が旗や天蓋《てんがい》を差し掛け、その高さは梵天《ぼんてん》世界に届くほどであった。この菩薩たちは妙《たえ》なる音声《おんじょう》でもって歌曲を歌い、諸仏を称讃した。

17―3

そのとき、仏は弥勒菩薩に告げられた。

「弥勒よ、仏の寿命がかくも長大なることを聞いて、ほんの一瞬のあいだでもそれを信ずる者がいれば、その人の得る功徳は無限である。かりに善男善女の誰かが、八十万億劫《こう》を一千億倍した長期間、最高・窮極の悟りを得るために五波羅蜜《ごはらみつ》――布施・持戒・忍辱《にんにく》・精進・禅定の波羅蜜――を行じたとしても、その人が得る功徳は、仏の寿命の長大なるを信じた人が得る功徳の、百分の一、千分の一、百千万億分の一にも及ばない。いやいや、とても計算できない。それ故、仏の寿命の無量を信じた善男善女は、最高・窮極の悟りから遠ざかることは、絶対にあり得ぬことなのだ」

17―4

「また弥勒よ、もし仏の寿命の長大なることを聞き、その趣意をよく理解する者がいれば、その人が得る功徳は無限であって、その人はやがて如来が有する無上の智慧に達することができよう。ましてや、この経を聞き、あるいは人をして聞かしめ、みずから持《たも》ち、人をして持《たも》たしめ、みずから書写し、人をして書写せしめ、あるいは華《はな》・香・装身具・旗や幟《のぼり》・天蓋・香油・燈明でもってこの経典を供養する者の功徳の大きさは言うまでもない。その人の功徳は無量・無辺であり、やがてその人は、仏の智慧である一切の事象を知り尽くす智慧が得られるであろう。

弥勒よ、仏の寿命の長大なるをわたしが説いたのを聞き、心の底からそれを信ずる善男善女がいれば、その人は、わたしが常に霊鷲山にいて、大勢の菩薩衆や声聞衆《しょうもんしゅ》に囲まれて説法しているのを見ることができよう。また、この娑婆《しゃば》世界の大地は瑠璃《るり》で出来ており、平坦にして凹凸なく、四通八達する街道の両端には黄金が敷かれ、並木には宝樹が列し、高殿・高楼・物見《ものみ》櫓《やぐら》はすべて宝で造られ、その中に多数の菩薩が住んでいるのを見るであろう。もしそのように見ることができた者は、それは深き信心の賜《たまもの》と知るがよい。さらに、如来の入滅後にこの経を聞き、しかもそれを謗《そし》ることなく歓喜の心を起こすならば、それまた深き信心の賜と知るがよい。ましてや、この経を読誦《どくじゅ》し受持する者は、まさに如来と心が通じ合っているのだ。

弥勒よ、善男善女は、わたしのために塔寺や僧房を建立し、衣服・臥具《がぐ》・飲食《おんじき》・湯薬をもって僧に供養する必要はない。なぜかといえば、この経典を受持し読誦する善男善女は、すでに塔寺や僧房を建立し、僧に供養したことになるからである。つまり、仏舎利を納めるために、高く広く、上に行くにつれて次第に狭くなり、梵天界にまで届く七宝の塔を建立し、それに旗や天蓋、宝の鈴を懸け、華《はな》・香・装身具・抹香・塗香・焼香・鼓・音楽・笛・箜篌《くご》・舞踏でもって供養し、妙なる音声で誉《ほ》め称《たた》えるのと同じことをしたことになる。無量千万億劫のあいだ、そのような供養を続けたことになるからだ。

弥勒よ、わたしの滅後にこの経典を聞きてよく受持し、みずから書写し、もしくは人をして書写せしめる人がいれば、それは赤い栴檀の香木でもって、高さ八ターラ（一ターラは約二十メートル）の立派な僧房を建立し、百千の比丘《びく》をその中に住まわせ、さらに園林・浴池・経行《きんひん》の場・坐禅の場を設《しつら》え、衣服・飲食・臥具・湯薬や必要な道具を寄進する。そのような僧房を三十二も建立したのに匹敵する。いや、そういう僧房・堂閣を、百千万億倍し、さらにそれを無数倍したほど多数を、わたしと比丘の教団に寄進したことになるのだ。だからこそ、わたしは、

『如来の滅後に、この経典を受持し読誦し、他人のために説き、みずから書写し、あるいは人

をして書写せしめ、この経典に供養する者がいれば、その人は、塔寺や僧房を建立し、僧に供養する必要はない』

と説く。ましてや、この経典をよく持《たも》ち、布施・持戒・忍辱・精進・禅定・智慧を行ずる者は言うまでもない。その人の徳ははなはだ勝《すぐ》れ、無量無辺である。たとえば虚空が四方八方に無量無辺なるがごとく、その人の功徳は無量無辺、その人はすぐに一切の事象を知り尽くす智慧を得るであろう。いや、それよりも、この経典を読誦し受持し、他人のために説き、みずからが書写し、あるいは他人をして書写せしめ、それと同時に仏塔を建立し、声聞の人たちに僧房を建立、寄進して供養をなし、また菩薩の百千万億の功徳を讃歎し、他人のために〈法華経〉の真実の教えをさまざまないわれでもって解説し、よく清浄の戒を持《たも》ち、柔和な人たちとともに住み、忍辱《にんにく》の実践をなして怒らず、意志は堅固であって常に坐禅を好み、精進努力をなし、善をなし、勝れた智慧でもって教学の難問に答える——そのような人がいれば、その人が得る功徳がいかに大きいか、もう言うまでもないであろう。

弥勒よ、わたしの入滅後にこの経典を受持し読誦する善男善女には、以上のようなさまざまな善き功徳があるのだ。知るがよい、その人はすでに最高・窮極の悟りの道場に行き、菩提の樹の下に坐しているのである。

弥勒よ、そのような善男善女が悟りの道場に坐し、あるいは立ち、経行《きんひん》しているならば、そこに塔を建てるべきだ。そして天人や人間は、みなその塔に、仏の塔と同じように供養すべきである」

18　信仰の喜び（随喜功徳品第十八《ずいきくどくほん》）

そのとき、弥勒菩薩《みろくぼさつ》は、仏に尋ねた。

「世尊よ、善男善女がこの〈法華経〉を聴聞して、心から喜ぶならば、どのような福が得られますか？」

18―1

すると仏が弥勒菩薩に教えられた。

「弥勒よ、如来の滅後に、比丘《びく》・比丘尼《びくに》・優婆塞《うばそく》・優婆夷《うばい》、あるいはその他の知識人の誰であれ、老若を問わず、説法の場より外に出て、あるいは僧房の中にとどまり、あるいは人里離れた場所、あるいは都会、町や村において、自分が聴聞したことを父母・親族・仲間・知人に力いっぱいに教える。この教わった人がまた大いに歓喜して、別の人に教える。その人がまた大

18―2

いに喜んでさらに別人に教えを伝える。このように順次に伝えて五十番目の人になった。弥勒よ、その五十番目の人が歓喜することによっていかなる功徳が得られるかを、わたしはそなたに説くことにしよう。よく聞きなさい。

四百万億を一千億倍した世界の中には、地獄・餓鬼・畜生・修羅・人・天の六つの場所があり、そこにさまざまな生き物がいる。卵から生まれるもの、母胎から生まれるもの、湿気から生まれるもの、超自然的な生まれ方をするもの、有形・無形、意識あるもの・なきもの、足のないもの・二足・四足・多足、種々さまざまである。功徳を積まんとする人が、このような無数の生きものに、それぞれが望んでいる生活物資——金・銀・瑠璃《るり》・硨磲《しゃこ》・碼碯《めのう》・珊瑚《さんご》・琥珀《こはく》といった珍宝、また象車・馬車、七宝造りの宮殿・楼閣、等々——を与えたとしよう。しかもこの大施主は、かかる布施を八十年間続け、そしてこう思った。

〈これまでわたしは思う存分、衆生に、彼らが望む生活物資を施してきた。ところが、この衆生はみんな八十歳を越え、老衰し、髪も白くなり顔は皺《しわ》だらけ、余命いくばくもない。わたしはこれからは、仏法でもって彼らを導いてやろう〉と。

そして衆生を集めて教えを宣《の》べ、法を示し・教え・利益を与え・喜ばしめて、その結果、三段階の悟りの境地を順次経て、最後に阿羅漢《あらかん》の境地に彼らを導き、さらに煩悩《ぼんのう》を克服し、心を制御することによって自由な境地に達し、八種類の解脱《げだつ》を得させたのである。そなたはどう思うか？　この大施主が得る功徳は大きいか、小さいか？」

弥勒は答えた。

「世尊よ、その人が得る功徳ははなはだ大きく、無量無辺です。その施主は、衆生にさまざまな生活物資を施しただけでも、その功徳は無量です。ましてや、施主は衆生を阿羅漢の境地に導いたのですから、功徳は無量無辺というべきです」

仏は弥勒に告げられた。

「わたしはいま、そなたにはっきりと言おう。四百万億を一千億倍もした世界にいる無数の衆生に、あらゆる生活物資を施し、また彼らを阿羅漢の境地に導いた人が得る功徳は、〈法華経〉のたった一行を聞いて歓喜した人の功徳に及ぶものではない。その百分の一、千分の一、いや百千万億分の一にも及ばぬであろう。それは計算もできぬし、譬喩《ひゆ》でもって語ることもできない。

弥勒よ、巡り巡って五十番目に〈法華経〉を聴聞して歓喜した人が得る功徳は、無量無辺の千億倍である。ましてや、説法の場において最初に聴聞し、それを喜んだ人の功徳は、いかばかりか。その福徳のすばらしさは、さらにその無量無辺の千億倍であって、比べることができない」

18—3

「また、弥勒よ、この〈法華経〉を聴聞せんとして僧坊に詣《もう》で、立ったまま、あるいは坐って、ほんの一瞬のあいだでもこれを聴聞すれば、その功徳によってその人は来世、その生まれた所で象車や馬車、珍宝でもって飾られた乗り物を得、それでもって天界の宮殿に昇ることができる。また、〈法華経〉が講義されている所に行きて着座し、さらに人がやって来ればその人にすすめて聴講させ、あるいは座席をその人に譲る、そのような人は次の世に、帝釈天《たいしゃくてん》のいる天界、梵天《ぼんてん》のいる天界、転輪聖王《てんりんじょうおう》のいる世界に生まれ変わるであろう。

弥勒よ、

『〈法華経〉という経典があります。一緒に行って聴聞しましょう』

と人を誘い、ほんの短い時間でもそれを聴聞すれば、その人はその功徳によって、〝陀羅尼《だらに》〟という名の菩薩がおいでになる所に生まれることができる。その人は聡明にして智慧あり、百千万回輪廻《りんね》しても聾唖《ろうあ》者《しゃ》にならず、口臭もなく、舌にも口にも異常はない。歯は黒からず黄色にならず、欠け落ちて隙間《すきま》だらけにならず、曲がってがたがたではなく、唇は垂れ下がったり、まくれ上がってちぢこまることなく、あれることなく、瘡蓋《かさぶた》が出来たり、ひび割れしたり、傷つくこともなく、厚からず大きからず、色が黒いといったこともなく、その他もろもろの欠点がない。鼻にしても低くて団子鼻、曲がっているというようなことはないし、顔の色も黒くなく、細くて長く、窪《くぼ》んで曲がっているようなこともなく、好ましくない所は皆無である。唇・舌・歯は美しく、鼻は整い、高く、顔つきはおだやか、眉は高く長く、額《ひたい》は平らか、良き人相である。そういう人間に生まれる。そして、輪廻転生《りんねてんしょう》するたびに仏に見《まみ》え、法を聴聞し、教えを信受するであろう。

弥勒よ、このことをよく考えるがよい。たった一人の人をすすめて〈法華経〉を聴聞させるだけでも、このような功徳が得られるのだ。ましてや、それを一心に聴聞し、それを説き、読《どく》誦《じゅ》し、しかも大勢の人々に解説し、その教えの通りに実践させる人がいれば、その人の功徳はどれだけ大きいであろうか」

19 〈法華経〉を学ぶ功徳 （法師功徳品《ほっしくどくほん》第十九）

19—1

そのとき、仏は常精進菩薩《じょうしょうじんぼさつ》に告げられた。

「善男善女が、この〈法華経〉を受持し、あるいは読み、あるいは誦《じゅ》し、あるいは解説し、あるいは書写するならば、その人は八百の眼の功徳、千二百の耳の功徳、八百の鼻の功徳、千二百の舌の功徳、八百の身の功徳、千二百の意《こころ》の功徳を得るであろう。そしてその功徳でもって全身に威儀あらしめ、清浄にするであろう。このような善男善女は、父母から授かった清浄なる肉眼でもって、三千大千世界の内と外にあるあらゆる山・林・河・海を見、下は地獄の最深部にある阿鼻《あび》地獄から、上は天界の最上層の有頂天まで、隈《くま》なく見ることができよう。また、そこに生きる一切衆生の過去の因縁と未来の果報を、ことごとく見ることができる」

19―2 「また次に、常精進よ、この経を受持・読・誦・解説・書写する善男善女は、千二百の耳の功徳を得る。彼は清浄なる耳でもって、三千大千世界の、下は阿鼻地獄から上は有頂天にいたるまで、その内外にあるあらゆる音声――象の声・馬の声・牛の声・車の声・泣き声・叫び声・悲しみの声・法螺貝《ほらがい》の声・鼓《つづみ》の声・鐘の声・鈴の声・笑い声・語る声・男の声・女の声・童子の声・童女の声・教えを説く声・まちがった教えを説く声・苦しみの声・楽しみの声・凡夫の声・聖人の声・喜びの声・喜ばない声・天竜八部衆《てんりゅうはちぶしゅう》の声・火の声・水の声・風の声・地獄の声・畜生の声・餓鬼の声・比丘《びく》の声・比丘尼《びくに》の声・声聞《しょうもん》の声・縁覚《えんがく》の声・菩薩の声・仏の声――を聞くことができる。要するに、いまだ超能力的な天耳《てんに》を得ないでも、父母から授かった通常の清浄なる耳でもって、三千大千世界のあらゆる音声をことごとく聞き取ることができるのだ。そして種々の音声を聞き分けながら、耳そのものの働きを損なうことはない」

19―3 「次にまた、常精進よ、この経を受持・読・誦・解説・書写する善男善女は、八百の鼻の功徳を得る。その清浄の鼻でもって三千大千世界の上下・内外にある種々の香を聞《か》ぎ分けるであろう。スマナスの花の香・ジャーティカの花の香・マッリカーの花の香・チャンパカの花の香・パータラの花の香・赤蓮華《しゃくれんげ》の香・青蓮華《しょうれんげ》の香・白蓮華《びゃくれんげ》の香・花を咲かせる樹の香・果実を生《な》らせる樹の香・栴檀《せんだん》の香・沈水《じんすい》の香・タマーラパトラ樹の香・タガラ樹の香、また千万種の香を混合した香、あるいは抹香《まっこう》・煉香《ねりこう》・塗香《ずこう》の香を、この経を受持する者は、居ながらにしてよく聞ぎ分けることができよう。そしてまた、衆生の香・象の香・馬の香・牛や羊などの香・男の香・女の香・童子の香・童女の香、さらに草木・森林の香、あるいは近くにある物、あるいは遠くにある物のあらゆる香をよく聞ぎ分けて、まちがうことがない。

この経を受持する者は、この地上に居りながら天上世界の香を聞ぐことができる。パーリジャータカ樹・コーヴィダーラ樹・天上に咲く曼陀羅華《まんだらけ》・摩訶曼陀羅華《まかまんだらけ》・曼殊沙華《まんじゅしゃげ》・摩訶曼殊沙華《まかまんじゅしゃげ》の香、栴檀や沈水の種々の抹香の香、さまざまな花の香、そのような天上の香が調合されて出てくる香をよく聞ぎ分けることができる。また、もろもろの天人たちがその身体より発する香を聞ぎ分ける。帝釈天《たいしゃくてん》が絢爛豪華な宮殿の中で五官の楽しみに耽《ふけ》り遊ぶときの香、あるいは妙法堂において忉利天《とうりてん》にいる天人のために説法しているときの香、あるいはあちこちの園で遊ぶときの香、さらにはその他の天界の男女が発するかすかな香を聞ぐことができる。かくのごとくにして梵天《ぼんてん》にまで達し、上は有頂天にいる天人のからだから発せられる香を聞ぎ、また天人が焚《た》く香も聞ぐことができる。そして声聞・縁覚・菩薩・仏がそのからだから発する香を聞ぎ、その場所を知ることができる。このように、さまざまな香を聞ぎ分けても、鼻の感覚器官の働きを損なうことはない。そして、その香が何であるかを人に教えようとして、まちがえるようなことはない」

19―4

「また次に、常精進よ、この〈法華経〉を受持・読・誦・解説・書写する善男善女は、千二百の舌の功徳を得る。良い味のものも悪い味のものも、うまいもの、まずいもの、苦いもの、渋いものも、その人の舌によるなら、すべては変じて天界の甘露《かんろ》のごとくなり、うまくないものなどなくなる。

もしその人の舌でもって、大勢の人々に教えを説くならば、すばらしき美声となり、よく聴衆の心に沁み込み、みなを歓喜させるであろう。そして、もろもろの天子や天女、帝釈天・梵天などの天人は、このすばらしき美声による説法を聴聞するためにやって来る。さらに竜・夜《や》叉《しゃ》・乾闥婆《けんだつば》・阿修羅《あしゅら》・迦楼羅《かるら》・緊那羅《きんなら》・摩睺羅伽《まごらが》の男女が、法を聴聞すべくやって来て、その人を恭敬《くぎょう》し、供養する。また、比丘・比丘尼・優婆塞《うばそく》・優婆夷《うばい》・国王・王子・群臣・家来・転輪王・転輪王の家臣や王子や一族が説法場である宮殿にやって来て、その説法を聴聞する。その人の説法はあまりにもすばらしいので、婆羅門《ばらもん》や居士、国内の民衆は、その人の寿命の尽きるまでお側《そば》に仕え、供養する。また、声聞・縁覚・菩薩・仏は、常に喜んでその人を見る。諸仏はその人のいる所に向かって法を説かれるから、彼はすべての教えを学び、受持し、そしてその教えをすばらしい音声でもって説くことができるのである」

19―5

「また次に、常精進よ、この経を受持・読・誦・解説・書写する善男善女は、八百の身の功徳を得て、その身は瑠璃《るり》のごとくに清浄となり、多くの人の憧《あこが》れの的となる。その身が浄らかであるが故に、その人の身の上に三千大千世界の一切の衆生の姿――誕生のときと臨終のときの姿、立派な姿と劣った姿、美しい姿と醜い姿、善処に生まれたときの姿と悪処に生まれたときの姿、あるいは鉄囲山《てっちせん》と呼ばれる高山、その他さまざまな高山に住む国王や衆生の姿、下は阿鼻地獄から上は有頂天にいたる空間のうちに住むあらゆる衆生の姿――が、そこに現われる。そして、声聞・縁覚・菩薩・諸仏が説法をなされている姿が、その人の身に重なって現われてくるだろう」

19―6

「また次に、常精進よ、如来の滅後にこの経を受持・読・誦・解説・書写する善男善女は、千二百の意《こころ》の功徳を得る。その人の意が清浄になるから、経典の一言一句を聞いても、その無量無辺の意味を理解できる。そしてよく意味を理解した上で〈法華経〉の一言一句を解説し、それが一か月、四か月、さらには一年になれば、その人が説く教えは〈法華経〉の趣旨に背くことなく、事物の真実のあり方とぴったり一致するようになる。彼が俗世間の教えを説いた書物、政治的・経済的分野に関することを説いても、〈法華経〉の教えに悖《もと》ることはない。彼は、三千大千世界の、地獄・餓鬼・畜生・阿修羅・人・天に生きる衆生の心の動き・揺らぎ・つまらぬ考えを、よく分かっている。いまだ煩悩《ぼんのう》の汚れのない智慧は得ていないにしても、その意の清浄なることは以上のようだ。その人が思慮熟考した上で説いたことは、すべて仏の教えであって真実ならざるものではなく、また過去の諸仏が説かれた経典の所説と一致するものだ」

20 すべての人を拝む（常不軽菩薩品《じょうふきょうぼさつほん》第二十）

20—1

　そのとき、仏は勢至菩薩《せいしぼさつ》に告げられた。

「そなたはよく聞きなさい、比丘《びく》・比丘尼《びくに》・優婆塞《うばそく》・優婆夷《うばい》にしてよく〈法華経〉を持《たも》っている者に、悪口を言い、罵詈讒謗《ばりざんぼう》を浴びせるならば、すでに「〈法華経〉を説く心構え」の章で説いたように、その人は大いなる罪の報いを受ける。反対に〈法華経〉を受持する者が得る功徳は、前章の「〈法華経〉を学ぶ功徳」の章で説いたように、眼・耳・鼻・舌・身・意が清浄になることだ。

　勢至よ、昔も昔、想像を絶するほどの昔に、仏がおられた。その名を〝威音王如来《いおんおうにょらい》〟という。その仏の在世の時代を〝離衰《りすい》〟といい、仏国土を〝大成《だいじょう》〟と呼ぶ。威音王仏は世におられたとき、天人・人間・阿修羅のために教えを説かれた。声聞《しょうもん》のためには四諦の教えを説き、生・老・病・死の苦を克服して涅槃《ねはん》の境地に入らせられ、縁覚のためには十二因縁の教えを、菩薩のためには最高・窮極の悟りへと向かうための六波羅蜜《ろくはらみつ》の教えを説き、仏の智慧を得るようにと指導された。勢至よ、この威音王仏の寿命は、ガンジス河の砂を四十万億倍しそれをさらに一千億倍した数だけの劫《こう》であった。正法《しょうぼう》が存続する期間は、一世界を微塵《みじん》に砕いた数に相当する劫、像法《ぞうぼう》の期間はその四倍である。

その仏は、衆生を済度されたのちに入滅された。そして正法と像法の時代が終ったあと、この仏国土にまた仏が出現された。その仏の名は同じく〝威音王如来〟。そして、そのあと、威音王如来という名の仏が二万億人出現された」

20—2

「最初の威音王如来が入滅されたあと、正法の時代が終り像法の時代になって、驕《おご》り高ぶった増上慢《ぞうじょうまん》の比丘たちがのさばっていた。そのとき、〝常不軽《じょうふきょう》〟という名の菩薩の比丘がいた。勢至よ、どうして彼が常不軽と呼ばれるかといえば、彼は出会ったすべての人を、その人が出家か在家かを問わず、礼拝し称讃して、このように言ったからである。

『わたしは深くあなたがたを尊敬します。決して軽《かろ》んじたり、見下げるようなことはしません。なぜかといえば、あなたがたは菩薩の道を歩み、いずれ仏になられる人だからです』と。

しかもこの比丘は、ただ経典だけを読誦《どくじゅ》するのではなく、礼拝行をなした。すなわち、遠くに誰か仏教者を見ると、その人の近くに行って礼拝し、称讃し、こう言うのだ。

『わたしはあなたがたを軽んずるようなことはしません。あなたがたは将来、仏となられる人だからです』

小乗仏教徒のうちには、心の捻《ね》じくれた者もいて、彼らは悪口・雑言を浴びせて、

『この馬鹿な比丘は、いったい何様《なにさま》なんだ。〝わたしはあなたがたを軽んじません〟と言って、われわれに〝将来、仏となることができます〟と授記を与える。われわれはそんな虚妄《こもう》の授記なんか信用するものか』

と言う。彼はこのように長年のあいだ常に罵られ続けたが、それでも怒ることなく、

『あなたがたは将来、仏となられる方です』

と言い続けた。そして、彼がこう言えば、大勢が杖でもって彼を叩き、瓦や石を投げた。それで彼は走って逃げ、遠くのほうから大きな声で、

『わたしはあなたがたを軽んじるようなことはしません。あなたがたは将来、仏となられるお方です』

となおも言う。彼は常にこのように言っていたので、増上慢の小乗仏教徒は、彼を〝常不軽〟と呼んだのである」

20—3

「この比丘は、寿命の尽きようとするとき、虚空の中で、威音王仏がお説きになられた〈法華経〉の二十千万億の詩を聞き、それを受持することによって、前の章に述べたように眼・耳・鼻・舌・身・意が清浄になった。そしてそれによって寿命をさらに二百万億の一千億倍も延ばすことができ、そのあいだ人々のために〈法華経〉を説き続けた。すると、この人を軽蔑し、見下し、彼を〝不軽〟の名で呼んでいた増上慢の小乗仏教徒たちは、彼が神通力《じんずうりき》・自在に説法ができる能力・禅定によって得られる智慧の力を獲得したのを見て、彼の説法を聞いて信伏《しんぷく》するようになった。この菩薩は、千万億の衆生を教化して、最高・窮極の悟りへと導いた。

彼は死後、二千億の仏――すべて〝日月燈明《にちがつとうみょう》〟という名である――に見《まみ》えることができ、そのもとで〈法華経〉を説いた。その功徳によって、彼はまた二千億の仏――すべて〝雲自《うんじ》在燈《ざいとう》王《おう》〟という名――に見《まみ》えることができ、そしてそのもとで〈法華経〉を受持・読誦し、多くの衆生のためにそれを説いた。彼はその功徳によって眼・耳・鼻・舌・身・意が清浄となり、人々の中で説法するとき、恐怖心を感ずることはなくなった。

勢至よ、この常不軽菩薩はかくも多くの仏を供養し、恭敬《くぎょう》し、尊敬し、讃歎するといった善業を積み、またさらにその後、千万億の仏に見《まみ》え、そしてその諸仏のもとで〈法華経〉を説いたといった功徳によって、最後には仏となることができたのである」

20—4

「勢至よ、どう思うかね、そのときの常不軽菩薩は、ほかでもないこのわたしなんだよ。もしもわたしが過去世においてこの経典を受持し、読誦し、他人のために説かなかったならば、わたしはかくもすみやかに最高・窮極の悟りを得られなかったであろう。わたしは過去世において諸仏のもとで、この経典を受持し、読誦し、他の人々に説いたが故に、かくもすみやかに最高・窮極の悟りを得ることができたのだ」

20—5

「勢至よ、かつて怒りの心でもってわたしを軽んじ、見下した小乗仏教徒たちは、そのために二百億劫のあいだ仏に見《まみ》えることができず、教えを聞かず、僧に会うことなく、千劫のあいだ最悪の地獄である阿鼻地獄に堕《お》ちて苦しんだ。その罪の償いを終えたのち、再び常不軽菩薩に会い、最高・窮極の悟りへと向かう教化を受けた。勢至よ、じつをいえばそのときこの菩薩を軽んじた小乗仏教徒とは、ほかでもないこの聴衆の中にいる跋陀婆羅《ばっだばら》をはじめとする五百の菩薩、師子月《ししがつ》をはじめとする五百の比丘尼、思仏《しぶつ》をはじめとする五百の優婆塞であり、彼らはみな、最高・窮極の悟りに向かって退転することのない人たちである。

勢至よ、知るがよい、この〈法華経〉はもろもろの菩薩を利益《りやく》し、よく最高・窮極の悟りへと導く。それが故に、もろもろの菩薩は、如来の滅後、常にこの経を受持し、読誦し、解説し、書写すべきである」

21 如来の超能力（如来神力品《にょらいじんりきほん》第二十一）

21―1

そのとき、大地より出現した菩薩《ぼさつ》たち――その数は千の世界を微塵《みじん》に砕いたほどの多数であった――は、仏前において一心に合掌し、仏の尊顔を仰ぎ見ながら、仏に向かってこう言った。

「世尊よ、われわれは仏が入滅されたのち、世尊および分身仏が涅槃《ねはん》に入られた仏国土において、広くこの〈法華経〉を説きます。なぜかといえば、わたしたちもまた、この真実にして清浄なる大法を受持し、読誦《どくじゅ》し、解説し、書写して、供養をしたいからです」

21―2

するとそのとき、世尊は、文殊菩薩をはじめとする無量百千万億の、もとからこの娑婆《しゃば》世界に住んでいた菩薩たちと、比丘《びく》・比丘尼《びくに》・優婆塞《うばそく》・優婆夷《うばい》、そして天竜八部衆《てんりゅうはちぶしゅう》の前で、神通力《じんずうりき》を見せつけられた。

まず、広く長い舌を出された。その舌は梵天界《ぼんてんかい》にまで届いた。そして毛孔《けあな》から無量無数の色の光を放たれ、それでもって十方世界を照らされた。宝樹の下《もと》の獅子座《ししざ》に坐しておられた分身の諸仏もまた、広長舌を出して無量の光を放たれた。釈迦牟尼仏《しやかむに》と分身の諸仏のこの神通力は百千年続いた。

そのあと、世尊は再び舌をおさめて、咳払《せきばら》いをされ、親指と人差し指を弾《はじ》いて音を出された。この二つの音は、遠く十方の諸仏の世界にまでとどき、大地は震動した。すると十方世界の衆生は、この仏の神通力によって、娑婆世界にやって来て、無量無数の宝樹の下の獅子座に坐しておられる分身の諸仏と、宝塔の中の獅子座に多宝如来とともに坐しておられる釈迦牟尼仏に注目したのであった。釈迦牟尼仏は無量無辺、百千万億の菩薩や大勢の聴衆に囲まれ、仰ぎ見られていた。かつて見たこともないこの光景を目《ま》の当たりにし、みなは大いに歓喜した。

そのとき、天人たちは虚空にいて、声高らかにこのように唱えた。

「ここから無量無辺、百千万億を一千億倍もした世界を過ぎた所に、〝娑婆〟と呼ばれる国がある。その国に〝釈迦牟尼仏〟という名の仏がおられる。いま、その仏が、もろもろの菩薩のために、大乗経典――『妙法蓮華』と名づけられ、菩薩のための教え、仏が大事に護持しておられる教え――をお説きになられる。人々よ、大いに喜べ。また、釈迦牟尼仏を礼拝し、供養せよ」

虚空の中のこの声を聞いて、人々は娑婆世界に向かって合掌し、

「南無釈迦牟尼仏、南無釈迦牟尼仏」

と唱えた。そして、さまざまな華《はな》・香・装身具・旗・天蓋《てんがい》、その他多くの珍宝・奇貨を、遠き娑婆世界に向かって振り撒いた。こうして振り撒かれた物が十方世界から娑婆世界に届くのは、ちょうど雲がやって来るのに似ていた。そしてそれらの珍宝・奇貨が変じて宝の帳《とばり》となり、娑婆世界にいる諸仏の上を覆った。かくて十方世界はすべて障壁がなくなり、あたかも一つの仏国土のようになった。

21—3

そのとき、仏は、上行《じょうぎょう》菩薩たちに告げられた。

「諸仏が有する神通力は、かくのごとく筆舌に尽くし難い。けれども、この〈法華経〉の伝道を委嘱するため、わたしがこのような神通力でもって、無量無辺、百千万億をさらに一千億倍した厖大《ぼうだい》な劫《こう》にわたって、〈法華経〉の功徳を説いても、説き明かすことはできないのである。要するに〈法華経〉という経典は、如来の一切の教え、如来の一切の神通力、如来の一切の奥義、如来の一切の体験がここに込めて説かれているのだ。それ故、あなたがたは、如来の滅後、この経典を一心に受持・読誦・解説・書写し、その教えの通りに実践せよ。

また、この〈法華経〉を受持・読誦・解説・書写し、教えのごとくに実践する者がいれば、あるいは〈法華経〉が安置されている場所があれば、それがどこであっても、園林であれ、樹下であれ、僧坊であれ、在家の人の家であれ、殿堂であれ、山・谷・曠野《こうや》であれ、そこに塔を建てて供養せよ。なぜか？　そこは道場であるからだ。そこにおいて諸仏が最高・窮極の悟りを得られ、そこにおいて諸仏は説法され、そこにおいて諸仏は涅槃に入られた場所にほかならないからである」

22 菩薩たちへの委嘱（嘱累品《ぞくるいほん》第二十二）

22―1

そのとき、釈迦牟尼仏《しゃかむに》は法座から起《た》ち上がり、神通力《じんずうりき》を現わされたのち、右手でもって無数の菩薩《ぼさつ》の頭を撫《な》でて、このように言われた。

「わたしは、無量百千万億劫《こう》をさらに一千億倍したほどの長期間をかけて、この最高・窮極の悟りの法を修得した。それをいま、あなたがたに委嘱する。あなたがたは一心にこの法を広宣流布して、衆生を利益《りやく》すべきである」

このように、大勢の菩薩の頭を三度にわたって撫で、次のように繰り返された。

「わたしは、想像を絶するはるかな昔に、最高・窮極の悟りの法を修得した。それをいま、あなたがたに託する。あなたがたはこれを受持し読誦《どくじゅ》して、広くこの法を宣《の》べ伝え、一切の衆生に聞かせよ。なぜかといえば、如来には大慈悲心あり、物惜しみすることなく、怖れることもなく、衆生に仏の智慧・如来の智慧・何ものにもこだわらぬ智慧を授けんとするからである。

如来は一切衆生に対する大施主なり。したがって、あなたがたも、如来の法を学ぶべし。決して惜しんではならない。未来の世において、如来の智慧を信ずる善男善女がいれば、彼らにこの〈法華経〉を宣べ伝え、聞かせよ。その人をして仏の智慧を得さしめるためである。しかし、それを信じようとしない衆生には、如来が説かれた他の教えを示し、教え、利益し、喜ばせよ。あなたがたがこのようにすれば、諸仏の恩に報じたことになる」

22―2

仏のこの言葉を聞いた菩薩たちは、大いなる歓喜に満たされて、ますます仏に対する尊敬を深め、からだを折り曲げ、頭を下げ、合掌しつつ仏に向かって、ともに声を発してこう言った。

「世尊の仰せられた通りに、わたしたちはやります。どうか世尊よ、心配しないでください」

もろもろの菩薩たちは、ともに声を発して三度繰り返した。

「世尊のご下命のごとくにいたします。どうか世尊よ、憂慮しないでください」

22―3

すると釈迦牟尼仏は、十方世界より来られた分身仏に、それぞれ本国にお帰りいただこうとして、このように言われた。

「諸仏は、どうか本来の国にお戻りください。多宝仏の塔も、どうかもとのようになさってください」

釈迦牟尼仏がこう言われたとき、宝樹の下の獅子座《ししざ》に坐しておられる、十方世界から来られた無数の分身仏と、多宝仏、ならびに上行菩薩をはじめとする無量無辺の菩薩たち、舎利弗《しゃりほつ》（シャーリプトラ）ら声聞《しょうもん》の人たち、さらには一切世間の天人・人間・阿修羅《あしゅら》は、仏の説かれたことを聞いて、みな、大いに歓喜したのであった。

23　薬王菩薩の事例（薬王菩薩本事品《やくおうぼさつほんじほん》第二十三）

23—1

そのとき、宿王華菩薩《しゅくおうけぼさつ》が仏に申し上げた。

「世尊よ、薬王菩薩は、どのようなわけでこの娑婆《しゃば》世界に遊びに来ておられるのですか？　世尊よ、薬王菩薩はきっと数えられないほどの難行・苦行をされたのでしょう。どうか世尊よ、少しく解説をしてください。天竜八部衆《てんりゅうはちぶしゅう》や他の仏国土から来た菩薩たち、そしてここにいる声聞《しょうもん》の人たちは、それを聞いて喜ぶに違いありません」

23—2

すると、仏は宿王華菩薩に告げられた。

「過去も過去、想像を絶するはるかな昔に、仏がおいでになった。名を〝日月浄明徳《にちがつじょうみょうとく》如来〟という。その仏に、八十億人の菩薩の弟子と、ガンジス河の砂を七十二倍した数の声聞の弟子がいた。仏の寿命は四万二千劫《こう》、菩薩の寿命もそれと同じ。その国には、女人・地獄・餓鬼・畜生・阿修羅《あしゅら》はなく、また不幸な人もいなかった。その国の地面は手の平のように平らであり、瑠璃《るり》で出来ていた。宝の樹でもって国土が飾られ、宝の帳《とばり》で覆われ、宝の華《はな》の旗が垂れ下がり、宝瓶《ほうびょう》や香炉があちこちに置かれている。宝樹の一本一本に七宝の台座があり、その台座は街道を少し離れた所に据えられていた。この宝樹の下には菩薩と声聞が坐しており、その上には百億の天人が天の音楽を奏し、仏を讃《たた》える歌でもって供養をしている。そして、仏は一切衆生喜見《いっさいしゅじょうきけん》菩薩をはじめとする諸菩薩ともろもろの声聞たちのために、〈法華経〉をお説きになられた。

この一切衆生喜見菩薩は自発的に苦行を修し、日月浄明徳仏の教えに従って精進努力し、一万二千年のあいだ一心に仏を求め続け、ついに教える相手に応じてそれにふさわしい姿になるといった瞑想に入って神通力《じんずうりき》を得た。この神通力を得たとき、彼は大いに歓喜して、こう考えた。

〈わたしがこのような霊力を得たのも、ひとえに〈法華経〉を聴聞したからである。わたしはいま、日月浄明徳仏と〈法華経〉に供養せねばならない〉と。

彼は直ちに瞑想に入り、神通力でもって虚空の中に天の華《はな》や香木を雲のごとくに漂わせ、それを雨と降らせた。また、〝海此岸《かいしがん》〟という名の栴檀《せんだん》の香――その微量が娑婆世界全体と等価だとされる――をも雨と降らせ、それでもって仏に供養した。が、この供養をなし終り、瞑想から出た彼はこう考えた。

〈わたしは神通力でもって仏を供養したのであるが、それでもこの身をもってする供養には及ばない〉

そこで彼は直ちに、さまざまな香——栴檀や丁子《ちようじ》や沈香《じんこう》等々——を服《の》み、またチャンパカという名の花の香油を飲んだ。それを千二百年間続けたのち、香油を身に塗り、天の宝衣を身につけて、日月浄明徳仏の前《みまえ》に進み出て、これも神通力によって自分自身に火をつけた。するとその光明は、ガンジス河の砂を八十億倍した世界の隅々《すみずみ》までを照らした。その世界の諸仏は、彼を称讃して言った。

『すばらしい、すばらしい、善男子よ。これぞ真の精進なり。これぞ、真実の法をもってする仏への供養と言わん。たとえ華《はな》・香・装身具・焼香・抹香・塗香・天の旗や幟《のぼり》・天蓋《てんがい》・高価な栴檀の香でもって仏を供養しても、これには及ばぬ。たとえ国の都、妻子を布施すとも、これには及ばぬ。善男子よ、これぞ第一の施と言わん。あらゆる布施中、最も勝《すぐ》れたり。法をもって諸仏を供養したがためなり』

諸仏はこう語ったあと、沈黙された。彼の身は千二百年間燃え続けた。千二百年が過ぎて、その身は燃え尽きた」

23—3

「一切衆生喜見菩薩は、このような供養をしたのち命を終え、その後また、日月浄明徳仏のおられる国に生まれた。彼は浄徳王《じょうとくおう》の家に、母親の胎内に宿らずに超自然的に突然、結跏趺坐《けっかふざ》の姿勢をして生まれた。そして、生まれたとたん、その父に詩でもってこう言った。

『大王よ、知ってください　われ過去に、修行をしたり
その結果、獲得したよ　瞑想の力《りき》
その後も精進、なお続け　捨ててしまったよ、自己への執着』

こう言ったあと、父に申し上げた。
『日月浄明徳仏は、現在もなお存命であられます。わたしは前世において仏を供養し、それによって一切衆生の語る言葉を理解し記憶する能力を得、また〈法華経〉の厖大《ぼうだい》無限な数——八百千万億の一千億倍の、さらにそれを無限大倍した数——の詩を聞くことができました。

大王よ、わたしはいま、再びかの仏を供養したいと思います』

そうして彼は七宝の台《うてな》に坐したまま虚空に昇り、ターラ樹の七倍の高さにおいでになる仏のもとにいたり、仏の足《みあし》を頭にいただいて拝礼し、十指を合わせて合掌し、詩でもって仏を称讃した。

『ご尊顔、まことにまことに麗《うるわ》しく　光明、十方照らしたもう
われ、昔、供養しました　そしていま、再び近くに伺《うかが》えり』

この詩が終ったあと、一切衆生喜見菩薩は仏に申し上げた。

『世尊よ、いまなおご健在の様子、何よりでございます』

すると日月浄明徳仏が一切衆生喜見菩薩に言われた。

『善男子よ、わたしの涅槃《ねはん》のとき、入滅のときがやって来た。そなたは、臥所《ふしど》を設《しつら》えなさい。わたしは今夜、まさに涅槃に入る』

さらに、一切衆生喜見菩薩にこう遺誡《ゆいかい》された。

『善男子よ、わたしは仏の教えをそなたに託す。さらに、菩薩のための教え、ならびに最高・窮極の悟りにいたる教えも、そなたに委嘱する。また、この七宝の三千大千世界とそこにある宝樹・宝台、およびわたしに仕えている天人のことごとくをそなたに管理させる。わたしが入滅したあとの、わたしの舎利をもそなたに託す。そなたは、仏舎利を納めた千の塔を建立し、人々にそれへの供養をさせなさい』

日月浄明徳仏は一切衆生喜見菩薩にそのような遺誡を与えたあと、その夜半過ぎに涅槃に入られた。

一切衆生喜見菩薩は仏の入滅を見て悲しみ、悩み、仏を恋慕した。彼は海此岸《かいしがん》と名づけられ

た香木でもって仏の遺体を荼毘《だび》に付した。その火が消えたあと、舎利を取り出し、八万四千の宝瓶に舎利を入れ、天界の最上天よりも高い八万四千の塔を建立した。塔は傘蓋《さんがい》で飾られ、そして旗や天蓋、宝鈴が懸けられていた。

そのとき、一切衆生喜見菩薩は、このように考えた。

〈わたしはこのような供養をしたけれども、まだまだ満足できない。わたしはさらにいっそうの舎利供養をしよう〉

そして、もろもろの菩薩たち、天・竜・夜叉《やしゃ》たちにこう告げた。

『みなさん、よく聞いてください。わたしはいま、日月浄明徳仏の舎利の供養をします』

そう語ったのち、八万四千の塔の前において、立派な福相のある自身の臂《ひじ》に火を点《とも》し、それでもって供養した。火は七万二千年燃え続け、無数の声聞衆と、無量百千億の人々に最高・窮極の悟りを求める心を発《おこ》させ、前に述べた瞑想に入らしめた。

すると、もろもろの菩薩・天人・人間・阿修羅は、彼の臂がなくなったのを見て、憂い・悩み・悲しんで言った。

『この一切衆生喜見菩薩は、われらが師なり。われらを教化してくださった。だが、その臂が焼かれてしまって、不自由なからだになられた』

そのとき、一切衆生喜見菩薩は、大衆《だいしゅ》の前で誓いを立てられた。

『わたしの両臂はなくなってしまったが、わたしは来世には必ず仏が有する金色《こんじき》の身を得るであろう。もし、わたしのこの言葉が真実にして虚《むな》しからざれば、わたしの両臂はもとのごとくになるであろう』

彼がこう誓ったとき、両臂はごく自然にもとの姿に戻った。そうなったのは、この菩薩の福徳と智慧が重厚なるによったものだ。そのとき、三千大千世界は大きく震動し、天より宝華が雨と降り、すべての天人と人間はかつてなき体験をしたのであった」

23—4

仏は宿王華菩薩に告げられた。

「そなたに想像がつくだろうか？　一切衆生喜見菩薩とは、ほかでもない、いまの薬王菩薩その人なのだ。彼は、このように無量百千万億を一千億倍したほどの長期間、その身を捨てて布施をした。

宿王華よ、もし発心《ほっしん》して最高・窮極の悟りを求めようとする者がいれば、手の指・足の指一本でいいから、それに火を点して仏塔に供養せよ。その功徳は、国や都、妻子、あるいは三千大千世界の山・林・河・池にある珍しき宝を布施する功徳よりも、はるかに大きい。あるいは、三千大千世界を七宝で満たして、それを仏・菩薩・声聞・縁覚《えんがく》に供養する功徳よりも、〈法華経〉のたった一つの詩を受持する功徳のほうが、はるかに大きいのである」

23—5
「宿王華よ、たとえば一切の河川のうちで海が第一であるように、この〈法華経〉は、もろもろの如来の説かれた経典中、最も勝れたものである。また、あらゆる山のうち須弥山《しゅみせん》が第一であるように、〈法華経〉は諸経中の最上である。また、あらゆる星の中で月が第一であるように、〈法華経〉は千万億もある経典中、最もよく照らすものである。また、太陽がすべての闇を除くように、この経は一切の不善の闇を除いてくれる。また、諸王のうちで転輪聖王《てんりんじょうおう》が第一であるように、この経はもろもろの経典中、最尊である。また、三十三天世界のうちで帝釈天《たいしゃくてん》がその王であるがごとく、この経は諸経の王なり。また、梵天王《ぼんてんおう》が一切衆生の父なるがごとく、この経も賢者・聖人・修学中の者・もはや学ぶ必要のなくなった人・菩薩の心を発《おこ》せる人にとっての父である。また、一切の凡夫のうちで、阿羅漢《あらかん》や辟支仏が第一であるように、この経は、如来・菩薩・声聞が説いた経典中の第一である。それ故、よくこの経典を受持する者は、一切衆生の中において第一である。さらに声聞・縁覚にくらべると、菩薩が第一である。それと同じくこの経も、諸経の中の第一なり。仏が諸法の王なるがごとく、この経も諸経中の王なり」

23—6 「宿王華よ、この〈法華経〉は一切衆生を救うものである。この経は、一切衆生の苦悩を除いてくれる。この経が一切衆生の利益《りやく》となり、その願いを満たしてくれることは、渇きに苦しむ者が清涼の池を得たように、寒さに震える者が火を得たように、裸の者が衣を得たように、隊商の一団が引率者を得たように、子どもが母を得たように、渡りに船を得たように、病人が医師を得たように、暗夜に燈火《ともしび》を得たように、貧者が宝を得たように、民衆が王を得たように、貿易商が海を得たように、篝火《かがりび》が暗闇を除くように、この〈法華経〉も衆生の一切の苦しみ、病を除き、生死の束縛から解放してくれる。

この〈法華経〉を聞いた人が、みずからそれを書写し、また人に書写させるならば、その人の得る功徳は、仏の智慧でもってしてもその大きさを推し量ることはできない。もしこの経巻を書写し、それに華・香・装身具・焼香・抹香・塗香・旗・天蓋・衣服や、さまざまなる香油の燈明でもって供養するならば、その功徳はもはや筆舌に尽くし難い」

23—7 「宿王華よ、この「薬王菩薩の事例」の章を聞いた人は、無量無辺の功徳を得る。女人がこれを聞きて受持するならば、その人はこの一生を終えたのち、再び女人に生まれることはない。もし如来の滅後五百年にして、女人がこの経典を聞き、その教えの通りに修行するなら、彼女はこの娑婆世界で生を終えたのち、阿弥陀仏が菩薩たちに囲まれて説法しておられる極楽世界の、蓮華の上の宝座に生まれることができよう。そしてその極楽世界において、貪《むさぼり》・瞋《いかり》・癡《おろかさ》の三毒に悩まされることなく、また憍慢《きょうまん》や嫉妬といった心の汚れにも悩まされず、菩薩の神通力を得、一切のものが空《くう》であるといった認識に達する。この認識に達したが故に、その人の眼は清浄となり、その清浄なる眼でもって、ガンジス河の砂を七百万二千億倍し、さらにそれを一千億倍した無数の諸仏を見ることができる。そのとき、諸仏はその人を讃《ほ》めて言われるであろう。

『善《よ》きかな、善きかな、善男子よ。そなたはよく釈迦牟尼《しゃかむに》仏の教えを受けて、この経を受持・読誦《どくじゅ》・思惟して、他人のために説いた。その功徳は無量無辺なり。その功徳は、火も焼くことはできず、水も流すことはできない。そなたの得た功徳は、千仏がそれを説いても、説き尽くせぬであろう。そなたはいま、すでに魔の賊をうち破り、迷いの世界の敵軍を打倒し、そのほかもろもろの怨敵《おんてき》を降伏させた。善男子よ、百千の諸仏は神通力でもってそなたを守護される。一切世間の天人・人間の中において、そなたの右に出る者はない。もちろん、如来を除いての話である。いかなる声聞・縁覚・菩薩の智慧・禅定も、そなたの上を行くものではない』

宿王華よ、この菩薩は、このような功徳によって智慧力を獲得した。もしこの「薬王菩薩の事例」の章を聞き、喜び、すばらしいと称讃する者がいれば、その人はこの現世において、口から青蓮華《しょうれんげ》の香を出し、身の毛孔《けあな》から牛頭栴檀《ごずせんだん》の香を発するであろう。「薬王菩薩の事例」の章を聞きて得る功徳は、以上のようである。それ故に、宿王華よ、この「薬王菩薩の事例」の章をそなたに委嘱する。わが滅後の五百年において、人間の住む世界である閻浮提《えんぶだい》にこれを広宣流布し、この経典が断絶したがために悪魔や魔類、天・竜・夜叉・悪魔のクンバーンダがのさばり、はびこるようなことがあってはならない。

宿王華よ、そなたは神通力でもってこの経典を守護すべし。なぜか？　この経典は閻浮提の住民にとって、病を治す良薬だからである。病気になった人がこの経を聞くならば、病気はたちまち治り、不老不死を得る。

宿王華よ、そなたは、この経を受持する者を見れば、青蓮華と、山盛りにした抹香をその人の上に撒き散らせ。そして、こう思え。

〈この人は久しからずして、菩提《さとり》の道場に吉祥草を敷いてその上に坐し、魔の大軍を破り、仏となられる。そして大法の法螺貝《ほらがい》を吹き鳴らし、大法の鼓《つづみ》を打って、一切衆生を老・病・死の苦から救われるであろう〉

それ故、仏道を求める者は、この経典を受持する人を見ては、恭敬《くぎょう》の心を起こすべきである」

23—8

釈迦世尊がこの「薬王菩薩の事例」の章をお説きになられたとき、その場にいた八万四千の菩薩は、あらゆる衆生の言葉を理解し記憶する力を得た。

多宝如来は宝塔の中から、宿王華菩薩を誉《ほ》め称《たた》える言葉を言われた。

「善きかな、善きかな、宿王華よ。そなたは釈迦牟尼仏によく質問し、無量の一切衆生を利益するといった、すばらしい功徳をなし遂げた」

24

妙音菩薩の章（妙音菩薩品第二十四《みょうおんぼさつほん》）

24—1

そのとき、釈迦牟尼《しゃかむに》仏は頭頂部にある髻《もとどり》と眉間の白毫《びゃくごう》より光明を放たれ、それでもって東方にあるガンジス河の砂を百八万億倍し、さらにそれを一千億倍した数ほどある諸仏の世界を照らされた。その世界の果てに〝浄光荘厳《じょうこうしょうごん》〟と呼ばれる世界があり、そこに〝浄華宿王智如来《じょうけしゅくおうち》〟という名の仏がおられ、無量無辺の菩薩《ぼさつ》に囲まれて説法されていた。釈迦牟尼仏の放たれた光明はその世界に届いた。

そのとき、浄光荘厳国に〝妙音〟という名の菩薩がいた。彼は過去に無量百千万億の諸仏に親しく仕え、供養し、さまざまな徳を積んだ結果、深遠なる智慧を獲得し、また法華三昧《ほっけざんまい》と呼ばれる瞑想をはじめとする無数の瞑想の力を獲得した。

釈迦牟尼仏の光が彼の身を照らしたとき、彼は浄華宿王智仏に申し上げた。

「世尊よ、わたしは娑婆《しゃば》世界を訪問して、釈迦牟尼仏を礼拝し、親しく供養させていただき、さらには文殊《もんじゅ》菩薩・薬王《やくおう》菩薩・勇施《ゆうせ》菩薩・宿王華《しゅくおうけ》菩薩・上行意《じょうぎょうい》菩薩・荘厳王《しょうごんおう》菩薩・薬上《やくじょう》菩薩にお会いしたいと思います」

すると、浄華宿王智仏が妙音菩薩に告げられた。

「そなたはかの国に行っても、かの国を軽蔑してはならない。善男子よ、かの娑婆世界は地面に凹凸があって平らでなく、土や石ころ、山があり、汚れがいっぱいだ。そこにおられる仏も菩薩も、みんな形《なり》は小さい。ところが、そなたの身長は四万二千ヨージャナ、わたしのそれは六百八十万ヨージャナ。そなたの容姿は端麗《たんれい》で、百千万の福徳があり光明を放っている。だからといって、そなたはかの国に行っても、かの国、かの国の仏や菩薩を軽蔑するようなことがあってはならぬ」

妙音菩薩は仏に申し上げた。

「世尊よ、わたしがいま娑婆世界を訪問できますことは、これみな如来のお力によるものでございます。如来の融通無碍《ゆうずうむげ》なる神通力《じんずうりき》、如来の功徳、如来の智慧の力によるものでございます」

24—2

次に妙音菩薩は座を起《た》たずにそのまま瞑想に入り、その瞑想の力でもって娑婆世界の霊鷲山の法座の近くに八万四千の宝の蓮華を生じさせた。その蓮華は黄金の茎、白銀《びゃくごん》の葉、金剛《こんごう》の蘂《しべ》、赤色の宝台でもって造られている。

24―3

そのとき、文殊菩薩が仏に尋ねた。

「世尊よ、突然、ここに幾千万という蓮華が出現したという瑞相は、いかなる因縁によるものでございますか？」

釈迦牟尼仏は文殊菩薩にこう答えられた。

「これは、浄華宿王智仏のおられる国より、妙音菩薩が八万四千の菩薩を引き連れてこの娑婆世界にやって来て、わたしを供養・親近・礼拝し、〈法華経〉に供養し、聴聞したいと望んでおられるがための瑞相である」

文殊菩薩が仏に申し上げた。

「世尊よ、その菩薩はどのような善業をなし、どのような功徳を積んで、そのような大神通力を得られたのですか？　いかなる瞑想を行じられたのですか？　その瞑想の名称を教えてください。わたしたちもそれをしっかりと修したいと思います。そのような瞑想を修することによって、その菩薩がいかなる形相をしておられるか、いかなる行をなしておられるかを、具《つぶさ》に見たいと思います。世尊よ、どうか世尊の神通力でもって、その菩薩がやって来られるとき、わたしにそのお姿を見ることができるようにしてください」

するど、釈迦牟尼仏が文殊菩薩に告げられた。

「久しい過去に入滅された多宝如来が、そなたたちに妙音菩薩の姿を見せてくださるであろう」

すると多宝仏が、かの菩薩に告げられた。

「善男子よ、来るがよい。文殊がそなたの姿を拝見したいと望んでいる」

24—4

その瞬間、妙音菩薩はかの仏国土より姿を消して、八万四千の菩薩とともに娑婆世界に来現した。彼らが通過した無数の仏国土においては、大地が震動し、七宝の蓮華が雨と降り、百千の天の楽器は奏《かな》でもしないのに自然と鳴った。

妙音菩薩の目は青蓮華《しょうれんげ》の葉のごとくに大きかった。その容姿の端麗さは百千万の月を合わせても及ばぬほど。身は真の金色《こんじき》で、無量百千の功徳でもって飾られ、威徳あり、みずから光明を放ち、さまざまな瑞相を具《そな》えているさまは、あたかも天上界の力士の堅固な身体のようであった。彼は七宝の台に坐したまま虚空に昇り、七ターラの高さにとどまっている。数多くの菩薩に囲まれて、娑婆世界は霊鷲山に参詣し、七宝の台《うてな》を降りてその価が百千という首飾りを持参して釈迦牟尼仏の前に進み出て、みずからの頭面に足《みあし》をいただいて拝礼し、首飾りを差し上げて、仏に申し上げた。

「世尊よ、浄華宿王智仏は、世尊に次のようにお伺いしろとのことでございます。

『少病、少悩であられますか？　起居にご不便なく安楽でおられますか？　ご壮健であられますか？　世事の煩わしさを堪え忍んでおられますか？　衆生済度にお困りではございませんか？　衆生が貪欲《むさぼり》・瞋恚《いかり》・愚癡《おろか》・嫉妬・吝嗇《りんしょく》・高慢であるといったようなことはありませんか？　また、衆生が父母に孝ならず、沙門《しゃもん》を敬わず、邪見や不善の心を持ち、五官の快楽に溺れるといったことはありませんか？　世尊よ、衆生はよく、さまざまな魔類を降伏させていますか？　久しき過去に入滅された多宝如来が七宝の塔の中に入ったまま来現されて、世尊の教えを聴聞しておられますでしょうか？』と。

また、多宝如来にはこのようにお伺いせよとのことでございました。

『安穏にして少悩、よく堪え忍んでおられますか？』と。

世尊よ、わたしはいま、多宝仏のお姿を拝見したいと思います。どうか願わくば、世尊よ、わたしにそのお姿をお示しください」

そのとき、釈迦牟尼仏が多宝仏に言われた。

「この妙音菩薩が、お目にかかりたいと申しております」

すると、多宝仏が妙音菩薩に告げられた。

「善《よ》いかな、善いかな。そなたはよく釈迦牟尼仏を供養し、また〈法華経〉を聴聞し、そして文殊らに会うべくこの娑婆世界にやって来た」

24—5

そのとき、華徳《けとく》菩薩は仏に申し上げた。

「世尊よ、この妙音菩薩は、いかなる善行をなし、いかなる功徳を積んだがために、このような神通力を獲得できたのですか？」

仏は華徳菩薩に教えられた。

「過去に仏がおられた。〝雲雷音王《うんらいおんおう》仏〟という。その仏国土の名は〝現一切世間〟、仏の在世時代を〝喜見〟という。妙音菩薩は一万二千年にわたり、十万種の歌舞音曲でもって雲雷音王仏を供養し、また八万四千の七宝の鉢を献上した。この因縁の果報により、彼はいま浄華宿王智仏の国に生まれ、このような神通力を得た。

　華徳よ、そなたはどう思うか？　かつて雲雷音王仏のもとで、妙音菩薩として歌舞音曲でもって供養し、また宝器を奉納せし者は、誰あろう、いまここにいる妙音菩薩である。華徳よ、この妙音菩薩は、過去に無量の諸仏に親しく仕え、供養し、功徳を積み、さらにそのことによってガンジス河の砂を百千万億倍し、それを一千億倍したほど多数の仏に見《まみ》えることができたのだ。

華徳よ、そなたは、妙音菩薩の身はいまここにおいでになる姿だけと思ってはならない。この菩薩は種々の姿に変身して、あちこちにいるもろもろの衆生のために〈法華経〉を説かれているのだ。その変化身は、梵天《ぼんてん》・帝釈天《たいしやくてん》・自在天・大自在天・天界の大将軍・毘沙門天《びしやもんてん》・転輪聖王《てんりんじようおう》・小王・長者・居士・官吏・婆羅門《ばらもん》・比丘《びく》・比丘尼《びくに》・優婆塞《うばそく》・優婆夷《うばい》・長者の妻・居士の妻・官吏の妻・婆羅門の妻・童男・童女・天竜八部衆《てんりゆうはちぶしゆう》などである。このような変化身となってこの経を説き、地獄・餓鬼・畜生などの苦しみの場所にいる衆生を救済し、王の後宮においては女身になってこの経を説く。

華徳よ、この妙音菩薩は、この娑婆世界においてもろもろの衆生を救われる人だ。この妙音菩薩は娑婆世界にあって、もろもろの衆生のためにさまざまな変化身を現わして〈法華経〉を説くが、そのために彼の神通力・変身の力・智慧力が減少するようなことはない。この菩薩は、彼が有する智慧のわずか一部でもってこの娑婆世界を照らし、一切衆生にそれぞれが知らねばならぬことを教えるが、それは娑婆世界だけではなしに、ガンジス河の砂ほど多数にある十方世界においても同様である。もし声聞《しようもん》の教えでもって救うことのできる者がいれば、その人には声聞の姿をとって説法し、縁覚《えんがく》の教えで救える者には縁覚の姿で、菩薩の教えで救える者には菩薩の姿で、仏の教えで救える者には仏の姿をとって教えを説く。このように救う相手によって姿を変え、また、みずからの死を示して救うことのできる者には、みずからの死を示すのだ。

華徳よ、妙音菩薩は、このように神通力と智慧を完成しているのである」

24—6

そのとき、華徳菩薩が仏に尋ねた。

「世尊よ、妙音菩薩が善根を積まれたことはよく分かりました。世尊よ、ではこの菩薩はいかなる瞑想に入って、このようにあらゆる場所に変化身を現わして衆生を救う力を得られたのですか？」

仏は華徳菩薩に教えられた。

「善男子よ、その瞑想は、〝教える相手に応じてそれにふさわしい姿になる〟と名づけられる瞑想である。妙音菩薩はこの瞑想で得た力によって、無量の衆生を利益《りやく》されるのだ」

24—7

仏がこの「妙音菩薩の章」を説かれたとき、妙音菩薩とともに娑婆世界にやって来た八万四千の菩薩たちはみな、教える相手に応じてそれにふさわしい姿になるといった瞑想の力を獲得し、この娑婆世界の無量の衆生も、同じく瞑想の力とすぐれた記憶力とを獲得した。

そして妙音菩薩は、釈迦牟尼仏と多宝仏の塔を供養し、それが終って本国に帰還された。そのとき彼が通過した国々は、大地が震動し、宝の蓮華が雨と降り、百千万億の歌舞音曲が奏せられた。妙音菩薩は本国に帰ると、八万四千の菩薩を引き連れて浄華宿王智仏のもとに行き、仏に申し上げた。

「世尊よ、わたしは娑婆世界に行き、衆生の利益のために働きました。釈迦牟尼仏に拝謁《はいえつ》し、多宝仏の塔を拝見し、礼拝・供養し、また文殊菩薩や薬王菩薩・得勤精進力菩薩《とくごんしょうじんりき》・勇施菩薩たちに会いました。さらにそこにいた八万四千の菩薩たちに、教える相手に応じてそれにふさわしい姿になるといった瞑想力を獲得させました」

この「妙音菩薩の章」が説かれたとき、四万二千の天子たちが、一切のものが空《くう》であると認識できるようになり、華徳菩薩は法華という名の瞑想に入る力を得ることができた。

25 観世音菩薩の章（観世音菩薩普門品《かんぜおんぼさつふもんぼん》第二十五）

25—1 そのとき、無尽意菩薩《むじんにぼさつ》は座より起《た》ち上がり、右肩を脱いで合掌し、仏に問い尋ねた。

「世尊よ、観世音菩薩はどういうわけで〝観世音〟と呼ばれるのですか？」

25—2 仏は無尽意菩薩に告げられた。

「善男子よ、無量百千万億の衆生がさまざまな苦しみに遭《あ》うとき、この観世音菩薩の名《みな》を聞き、一心にその名《みな》を称《とな》えるならば、観世音菩薩は即時にその音声を観じて、苦から救ってくださる。

もしこの観世音菩薩の名《みな》を持《たも》つ者あらば、たとい大火の中に入るとも、火はその人を焼くことができぬ。この菩薩のすばらしい神通力《じんずうりき》によるからである。

もし大洪水におし流されても、その名号を称えるなら、必ずや浅き所に流れつく。

金・銀・瑠璃《るり》・硨磲《しゃこ》・碼碯《めのう》・珊瑚《さんご》・琥珀《こはく》・真珠等の宝を求めて海外貿易に従事する百千万億の衆生がいて、かりに暴風によって船が悪鬼の国に漂流させられても、乗船している人がたった一人でも観世音菩薩の名《みな》を称えるならば、全員が悪鬼の難を逃れることができる。そういうわけで観世音と名づけられているのだ。

もしまた人が、まさに殺害されんとするとき、観世音菩薩の名《みな》を称えるなら、相手が持つ刀や杖がバラバラに折れて、助かることができる。

かりに三千大千世界に充満している夜叉《やしゃ》や悪鬼がやって来て、人を悩ませようとしても、観世音菩薩の名《みな》を称えれば、その悪鬼は悪い眼でもって人を見ることができない、ましてや害を加えることはできぬ。

無罪・有罪を問わず、手枷《てかせ》・足枷《あしかせ》でもって獄に繋《つな》がれている人がいても、観世音菩薩の名《みな》を称えれば、手枷・足枷はバラバラに壊れ、自由を得る。

三千大千世界に盗賊が横行しているが、一人の隊長に率いられた隊商たちが険《けわ》しい道にさしかかったとき、そのうちの一人がみなにこう提言した。

『みなさん、恐れることはありません。あなたがたは観世音菩薩の名《みな》を称えるべきです。この菩薩は、われわれに怖れなき心を布施してくださいます。みなさんが観世音菩薩の名《みな》を称えるなら、盗賊の難を免《まぬが》れることができます』

これを聞いて隊商の一同は一緒になって、

『南無観世音菩薩』

と称えた。その名《みな》を称えることによって、一同は盗賊の難を免れた。無尽意よ、観世音菩薩のすばらしい神通力はこのようである。

もし性欲に苦しむ者がいれば、常に観世音菩薩を念じて恭敬《くぎょう》するなら、性欲から離れることができよう。瞋恚《いかり》の心が強い者は、常に観世音菩薩を念じて恭敬すれば、すぐさま瞋恚の心がなくなる。愚癡《ぐち》多き者が常に観世音菩薩を念じて恭敬すれば、たちまち愚癡でなくなる。無尽意よ、観世音菩薩はこのようにすばらしい神通力を持っておられ、われわれに利益《りやく》を与えてくださる。それ故、衆生は常に心に観世音菩薩を念ずべし。

もし女人が、男児を産みたいと思って観世音菩薩を礼拝・供養すれば、必ず福徳あり智慧ある男児が生まれる。女児を得たいと思えば、容姿端麗《たんれい》にして、前世において功徳を積んだが故に人々から愛される女児を産むことができる。無尽意よ、観世音菩薩はこのような力を持っている。したがって、観世音菩薩を恭敬・礼拝するなら、その福徳は必ずある。それ故、衆生はまさに観世音菩薩の名号を受持すべし。

無尽意よ、もし人が、ガンジス河の砂を六十二億倍した数の、多数の菩薩の名号を受持し、一生のあいだその多数の菩薩に飲食・衣服・寝具・医薬を供養したとする。そなたはどう思うか、その人の功徳は大きいだろうか？」

無尽意が答えた。

「もちろん、大きいです、世尊よ」

仏が言われた。

「けれども、もし人が観世音菩薩の名号を受持し、ほんの短い時間のあいだだけでも礼拝・供養するならば、その二人が得る福徳はまったく同じで、百千万億劫《こう》にわたって尽きないものである。

無尽意よ、観世音菩薩の名号を受持すれば、このように無量無辺の福徳の利益が得られるのである」

25―3

無尽意菩薩は仏に尋ねた。

「世尊よ、観世音菩薩はいかなる姿になって、この娑婆《しゃば》世界に遊びに来ておられるのですか？どのようにして衆生に法を説かれていますか？　その教化の方法をお教えください」

仏は無尽意菩薩に告げられた。

「善男子よ、この仏国土において、仏身でもって救うことのできる者には、観世音菩薩は仏身を現わして法を説かれる。辟支仏《びゃくしぶつ》の身でもって救うことのできる者には辟支仏の身を現わし、声聞《しょうもん》の身がふさわしい者には声聞の身を、梵王の身がふさわしい者には梵王の身を、帝釈天《たいしゃくてん》の身のふさわしい者には帝釈天の身、自在天の身がふさわしい者には自在天の身を、大自在天の身のふさわしい者には大自在天の身、天界の大将軍身のふさわしい者には天界の大将軍身、毘《び》沙門《しゃもん》身がふさわしい者には毘沙門身、小王身のふさわしい者には小王身、長者の身のふさわしい者には長者の身、居士・官吏・婆羅門《ばらもん》の身がふさわしい者にはそれぞれ居士・官吏・婆羅門の身、比丘《びく》・比丘尼《びくに》・優婆塞《うばそく》・優婆夷《うばい》の身がふさわしい者には比丘・比丘尼・優婆塞・優婆夷の身、長者・居士・官吏・婆羅門の婦女の身がふさわしい者にはそれぞれの婦女の身、童男・童女の身のふさわしい者には童男・童女、天竜八部衆《てんりゅうはちぶしゅう》の身がふさわしい者にはそれぞれの姿、執金剛神《しゅうこんごうじん》（仏法の守護神）の姿がふさわしい者には執金剛神の姿を現わして法を説かれる。

　無尽意よ、この観世音菩薩は、多くの功徳を積まれた方で、さまざまな姿をとってこの娑婆世界に来て遊んでおられ、衆生を救われるのだ。それ故、あなたがたは、まさに一心に観世音菩薩を供養せねばならない。この観世音菩薩は怖ろしい災難に際して、無畏《むい》、すなわち畏《おそ》れのないことを施してくださる。そのため、この娑婆世界において、人々は観世音菩薩を〝施無畏《せむい》者《しゃ》〟と呼ぶのだ」

25—4

無尽意菩薩が仏に申し上げた。

「世尊よ、わたしはいま、観世音菩薩に供養したいと思います」

そして、首につけていた宝珠《ほうじゅ》の首飾り——百千両の黄金の値打ちがある——を外して、観世音菩薩に差し出して、

「この珍しい宝の首飾りを布施します。どうか受け取ってください」

と言った。

けれども、観世音菩薩は辞退された。そこで無尽意菩薩は再び観世音菩薩に言った。

「どうかわたしたちを憐れんで、この首飾りを受納してください」

すると、仏が観世音菩薩に言われた。

「そうだ、無尽意菩薩と、比丘・比丘尼・優婆塞・優婆夷、また天竜八部衆に対する憐れみの情でもって、その首飾りを受け取ってあげなさい」

そこで観世音菩薩は、衆生に対する憐れみの心でもってその首飾りを受け取り、それを二分して、その一つを釈迦牟尼仏に、もう一つを多宝仏の塔に奉納した。

最後に釈迦世尊が言われた。

「無尽意よ、観世音菩薩はこのように自由自在な神通力でもって、娑婆世界に遊んでおられるのだ」

そのあと、無尽意菩薩は詩でもって語った。

「立派なお姿、釈迦世尊　お尋ねしたいはかの菩薩
『いかなるいわれで、あの人は　〝観世音〟とよばるるや』」

すぐれた姿の釈迦世尊は、詩でもって答えられた。

「無尽意よ、観音が持つ救済力　及ばぬ所なきと知れ。
海より深き、その誓願　われらの思慮の外《ほか》なるぞ。
幾千億の仏のもと　彼は発《おこ》した清浄願。
それをそなたに聞かせよう　その名《みな》を聞きて、その身を見
心に念じているならば　あらゆる苦しみ消滅す。
火の燃え盛る大きな穴　誰かがあなたを突き落とす
あなたは念ず観音力　火の穴変じて池となる。
大きな海に漂流す　竜や怪魚、また鬼が、あなたを脅し苦しめる

あなたは念ず観音力　すぐに静まる荒波が。
あなたはいるよ須弥山《しゅみせん》に　誰かがあなたを突き落とす
あなたは念ず観音力　ぽっかり浮かぶよ空中に。
追いかけられたよ、悪人に　高き山より墜落す
あなたは念ず観音力　掠《かす》り傷さえ負わないよ。
盗賊たちに囲まれて　刀で斬られるそのときに
あなたは念ず観音力　相手が持つよ、慈悲心を。
横暴勝手な国王が　あなたを死刑に処したとき
あなたは念ず観音力　折れてしまうよ、首切り刀。
首に首枷《くびかせ》　手枷《てかせ》・足枷《あしかせ》、禁錮《きんこ》の刑
あなたは念ず観音力　釈放されて自由になる。
詛《のろ》いの毒薬服《の》まされて　殺害されんとしたときに
あなたは念ず観音力　詛《のろ》った者が死んじゃうよ。
人喰い鬼がやって来て　毒竜・悪鬼に遇《あ》わんとも
あなたは念ず観音力　彼らはあなたを害しない。
悪獣・野獣に囲まれて　鋭《するど》き牙爪《きばつめ》剝いている

あなたは念ず観音力　たちまち悪獣逃げて行く。
蚖《とかげ》や蛇に蝮《まむし》や蝎《さそり》　炎《ほのお》のごとくに毒を吐く
あなたは念ず観音力　みんな逃げ去る、その声で。
黒雲広がり、雷《かみなり》・稲妻　雹《あられ》を降らし、集中豪雨
あなたは念ず観音力　たちまち空は快晴だ。
艱難《かんなん》・辛苦《しんく》の人々よ　苦しみその身に迫るとも
観音の持つ妙智力　世間の人の苦難を救う。
神通力を発揮して　智慧の方便よく使い
十方世界のあちこちに　姿を現わす観世音。
地獄や餓鬼や畜生道　世のさまざまの悪い場所
生老病死の苦しみも　観音力にて減少す。
観音の眼《まなこ》は真理を見、清らかで　大きな智慧に輝いて
慈悲の心でものを見る　われらはその眼に憧れる。
無垢《むく》清浄のその光　照らすが故に闇《やみ》はなし
災いの風火おさまりて　世間はなるよ安穏に。
悲心《ひしん》は戒なり、雷《らい》のごと　雲のごときは慈《じ》の心

甘露《かんろ》の法雨と降りそそぎ　煩悩《ぼんのう》の炎、鎮火せり。
訴訟の争い裁判所　恐れ戦《おのの》く戦陣で
かの観音力を念ずれば　すべての怨恨消滅す。
観世音のその声は、妙《たえ》なる音《こえ》なり世を観ず音《こえ》　清浄なる音《こえ》・海鳴《うみな》りの音《こえ》
いかなる音《こえ》より勝《すぐ》れたり　それ故、念ぜよ観音力。
一瞬たりとも疑うな　浄《きよ》き聖《ひじり》の観世音
悩みと苦しみ、死の恐怖　恃《たの》みとするは彼ばかり。
あらゆる功徳を兼ね備え　慈眼でもって衆生を視《み》
その福、海のごとくに無量なり　それ故にこそ、礼拝すべし観音を」

25―6

そのとき、地蔵菩薩は座より起《た》ちて、仏の前に進み出て申し上げた。

「世尊よ、この「観世音菩薩の章」の、観世音菩薩が神通力によって自由自在にあらゆる場所にその姿を現わされるということを聴聞した人は、まちがいなく大きな功徳を得るでありましょう」

25—7

仏がこの章を説かれたとき、聴衆の中にいた八万四千の衆生は、最高・窮極の悟りを求める心を発《おこ》した。

26 霊力のある言葉（陀羅尼品《だらにほん》第二十六）

26―1

そのとき、薬王菩薩《やくおうぼさつ》は座より起《た》ちて、仏に向かって右肩を脱いで合掌し、こう申し上げた。

「世尊よ、〈法華経〉を受持・読誦《どくじゅ》して、よくそれを理解し、またそれを書写する善男善女は、どのような福徳が得られますか？」

仏は薬王に言われた。

「もし善男善女が、ガンジス河の砂を八百万億倍し、それをさらに一千億倍したほど多数の諸仏に供養したとする。そなたはどう思うか？　その人の得る福徳は大きいか小さいか？」

「世尊よ、非常に大きいです」

仏は言われた。

「この〈法華経〉のたった一つの詩を受持・読誦し、その意味を理解し、その教えを実践する善男善女がいれば、その人の得る功徳は、それに匹敵するほどに大きい」

26—2

そのとき、薬王菩薩は仏に申し上げた。

「世尊よ、わたしはいま、〈法華経〉を説く人に陀羅尼《だらに》（呪文）を教えて彼らを守護します。これがそれです。

——あに　まに　まねい　ままねい　しれい　しゃりてい　しゃみゃ　しゃびたい　せんてい　もくてい　もくたび　しゃび　あいしゃび　そうび　しゃび　しゃえい　あきしゃえい　あぎに　せんてい　しゃび　だらに　あろきゃばさいはしゃびしゃに　ねいびてい　あべんたらねいびてい　あたんだはれいしゅたい　うくれい　むくれい　あられい　はられい　しゅぎゃし　あさんまさんび　ぼっだびきりじりてい　だるまはりしてい　そうぎゃちりくしゃねい　ばしゃばしゃしゅたい　まんたら　まんたらしゃやた　うろたうろた　きょうしゃりゃ　あきしゃら　あきしゃやたや　あばろ　あまにゃなたや——

世尊よ、この陀羅尼は、ガンジス河の砂を六十二億倍もしたほどの多数の諸仏が説かれたものです。もしもこれを唱える法師《ほっし》に迫害を加える者がありましたら、それは諸仏に迫害を加えたことになりましょう」

すると釈迦牟尼仏は薬王菩薩を誉《ほ》めて言われた。

「善《よ》きかな、善きかな、薬王よ。そなたは〈法華経〉を説く法師を憐れみ、守護するために陀羅尼を説いた。多くの衆生の利益《りやく》となるであろう」

26―2・2

次に勇施《ゆうせ》菩薩が仏に申し上げた。

「世尊よ、わたしもまた〈法華経〉を読誦・受持する者を守護せんがため、陀羅尼を説きます。この陀羅尼を得た法師は、夜叉《やしゃ》や羅刹《らせつ》、あるいはさまざまな悪鬼や餓鬼たちが、その法師の弱点に付け入ろうとしても、付け入ることはできないでしょう。これがその陀羅尼です。

――ざれい　まかざれい　うき　もき　あれい　あらばてい　ちりてい　ちりたはてい　いちに　いちに　しちに　にりちに　にりちはち――

世尊よ、この陀羅尼は、ガンジス河の砂と等しい数の諸仏が説かれ、また歓喜されたものです。これを唱える法師に迫害を加える者は、まさしく諸仏に迫害を加えたことになりましょう」

26―2・3

次に毘沙門天《びしゃもんてん》が仏に申し上げた。

「世尊よ、わたしもまた衆生を憐れみ、法師を守護するために陀羅尼を説きます。これがそれです。

——あり　なり　となり　あなろ　なび　くなび——

世尊よ、この陀羅尼でもって法師を守護します。わたしは〈法華経〉を受持する人を守って、百ヨージャナの範囲内に一切の災厄が起きないようにします」

26—2・4

次に持国天《じこくてん》が、千万億を千万億倍した乾闥婆《けんだつば》の集団を引き連れて仏の前に進み出て、合掌して仏に申し上げた。

「世尊よ、わたしも陀羅尼でもって、〈法華経〉を持《たも》つ人を守護します。これがその陀羅尼です。

——あきゃねい　きゃねい　くり　けんだり　せんだり　まとうぎ　じょうぐり　ふろしゃに　あんち——

世尊よ、この陀羅尼は、四十二億の諸仏が説かれたものです。もしこの陀羅尼を唱える法師を迫害する者があれば、それは諸仏を迫害したことになります」

26—2・5

そのとき、羅刹女《らせつにょ》の一団があった。鬼子母神《きしもじん》を筆頭に、藍婆《らんば》・毘藍婆《びらんば》等々の名前の羅刹女たちが、その子どもや一族とともに仏の前に進み出て、声をそろえてこう申し上げた。

「世尊よ、わたくしたちもまた、〈法華経〉を読誦・受持する者を守護し、さまざまな障碍《しょうがい》をなくしましょう。もしも法師の欠点に付け入ろうとする者があっても、そうはさせません。これが陀羅尼です。

——いでいび　いでいびん　いでいび　あでいび　いでいび　でいび　でいび　でいび　でいび　でいび　ろけい　ろけい　ろけい　ろけい　たけい　たけい　たけい　とけい　とけい

——

いかなることがあろうとも、法師を悩ますことなかれ。赤鬼・青鬼・黒鬼も、あらゆる悪鬼が七日にわたる熱病で、あるいはたった一日の熱病でも、法師を悩ましてはなりません。男・女に姿を変え、あるいは少年・少女に姿を変え、悪鬼が法師を悩ますことがあってはなりません。たとえ夢の中に現われて、法師を悩ますようなことがあってはなりません」

そして次のような詩を説いた。

「もしも陀羅尼を馬鹿にして　　説法者たちを悩ませば
アルジャカの樹さながらに　　頭は割れて七つの破片。
法師に迫害加えれば　　父母を殺した罪人《つみびと》と
油を売るに水増しし　　秤《はかり》をごまかす悪人と

教団潰す大悪人　それと同じの罪を得る」

羅刹女たちはこの詩を説いたあと、仏にこう申し上げた。

「世尊よ、わたくしたち自身もまたこの〈法華経〉を受持し、読誦し、そして〈法華経〉の修行者を守護し、安穏ならしめ、災厄から逃れさせ、さまざまな毒を消しましょう」

仏は羅刹女たちに告げられた。

「善きかな、善きかな。そなたたちが、この〈法華経〉を持《たも》つ人を守護するだけでも、その福徳は計り知れぬ。ましてやこの経典をみずから受持し、この経典に華《はな》・香・装身具・抹香《まっこう》・塗香《ずこう》・焼香・旗・天蓋《てんがい》・歌舞を供養し、種々の香油でもって献燈する、その功徳たるや筆舌に及ばぬ。さらに、同様に経典に百千種の供養をする者たちを守護するは、すばらしいことだ。そなたたちの仲間は、しっかりと法師を守護すべし」

26—3

仏がこの「霊力のある言葉」の章を説かれたとき、六万八千人が一切を空《くう》と見ることのできる認識に到達したのであった。

27 妙荘厳王の事例（妙荘厳王本事品第二十七《みょうしょうごんおうほんじほん》）

27―1

そのとき、仏は大勢の聴衆に告げられた。

「昔も昔、想像を絶する大昔に、仏がおいでになった。名を〝雲雷音宿王華智如来《うんらいおんしゅくおうけちにょらい》〟という。その国の名は〝光明荘厳《こうみょうしょうごん》〟、仏の在世の時代を〝喜見《きけん》〟と呼ぶ。

この仏国土に〝妙荘厳《みょうしょうごん》〟という名の王がいた。その王の妃の名は〝浄徳《じょうとく》〟、二人の子息の名は〝浄蔵《じょうぞう》〟と〝浄眼《じょうげん》〟。二人の息子は長期にわたって菩薩《ぼさつ》の道を歩み、その結果、神通力《じんずうりき》と福徳、智慧を獲得していた。すなわち、布施・持戒・忍辱《にんにく》・精進・禅定・智慧の六波羅蜜《ろくはらみつ》と方便波羅蜜、さらには慈・悲・喜・捨の四無量心、および三十七の修行法を修したのである。また、菩薩としてさまざまな瞑想に入ることができた。

あるとき、かの仏は、妙荘厳王を導くために、また衆生に対する憐愍《れんびん》の情により、〈法華経〉をお説きになられた。

そして、浄蔵と浄眼の二人の子は母の所に行き、十指と手の平を合わせて、こう申し上げた。

『母よ、どうか雲雷音宿王華智仏の所《みもと》においでになってください。われらも一緒に参り、仏に供養し、礼拝しましょう。なぜかといえば、この仏は一切の天人や人間のために〈法華経〉をお説きになられているからです。それを聴聞すべきです』

母は子に言った。

『あなたがたの父上は外道の信者で、婆羅門《ばらもん》の教えに傾倒しています。あなたがたは父上を説得して、一緒に行くようにしなさい』

浄蔵と浄眼は合掌しつつ、母に言った。

『わたしたちは仏の子なのに、どうしてこのような邪見の家に生まれたのでしょうか？』

母は子に教えた。

『あなたがたは父上のことをよく考えて、まずは神通力を見せなさい。それを見れば、父の心は清浄となるでしょう。そうすると、わたしたちが仏の所《みもと》に行くことを許してくださるかもしれません』

そうすると二人の息子は父上のことを考えて、虚空に昇って七ターラの高さの所において、さまざまな神通力を発揮して見せた。空中を歩き・静止し・坐し・横に寝たり、上半身・下半身から水や火を出し、大きくなったり、小さくなったり、消えたり、出現したり、地の中に水のように潜り、水上歩行をしたり、あれこれ神通力を見せて、父王の心を清浄に、信じやすくした。

父はわが子の演ずる神通力を見て、心はこれまでにない感動を覚えた。そして合掌して、子どもに言った。

『おまえたちの師は誰か？　おまえたちは誰の弟子なのか？』

二人の子が答えた。

『大王よ、いま雲雷音宿王華智仏は、七宝の菩提樹の下の法座にあって、広く一切世間の天人や人間のために〈法華経〉を説いておられます。あの方がわたしたちの師です。わたしたちはあの方の弟子です』

父は子に言った。

『わたしは、おまえたちの師に会いたいと思う。一緒に会いに行こう』

すると、二人の子どもは空中より降りて、母の所に行き、合掌して言った。

『父上はすでに信解《しんげ》して、最高・窮極の悟りを求める心を発《おこ》されました。わたしたちは父上のために仏教者としての務めを果たしました。どうか母上よ、わたしたちがかの仏のもとにおいて出家し、修行することを許してください』

母が言った。

『あなたがたの出家を許しましょう。なぜかといえば、仏にお会いできる機会は、滅多にないものだからです』

そうすると、二人の子どもが父母に言った。

『ありがとうございます。父上、母上、どうかお二人は、機会があれば雲雷音宿王華智仏のもとに詣でて、供養をなさってください。なぜかといいますと、仏にお会いできる機会は、優曇《うどん》華《げ》が三千年に一度しか花を咲かせることのないように、片眼のない亀が大海に浮かぶ流木の孔に首を突っ込む機会が滅多にないのと同じだからです。ところがわたしたちは、過去世に積んだ福徳の故で、この世に生まれて仏にお会いすることができました。だからこそ、父上、母上はわたしたちの出家を許可してくださったのです。仏に会うことは滅多にないのですから、お二人はこの機会を逃すことなく、仏にお会いなさってください』

このとき、妙荘厳王の後宮の八万四千人の女官たちが、すべて〈法華経〉を受持するようになった。浄眼菩薩はすでに前から法華の瞑想を修得していたし、浄蔵菩薩は苦界を離脱する瞑想を修得して、一切衆生が苦界を離脱できるようにと願った。これはのちのことになるが、王妃の浄徳は、諸仏の秘密の教えを知ることができる瞑想を修得した。二子はこのように、方便を講じて父を教化し、仏法を求めようとする心を発《おこ》させた。

かくて、妙荘厳王は大勢の家臣を引き連れ、浄徳夫人は後宮の女官たちとともに、二人の王子は四万二千人を連れて、仏の所《みもと》に行き、仏の足《みあし》を頭にいただいて拝礼し、仏を右廻りに三度回って、片側に着座した。

すると仏は、王のために説法され、王を懇切丁寧に教えられ、王は心から喜んだ。王と夫人は首にかけた高価な真珠の首飾りをほどいて、その真珠の粒を仏の上に振り撒くと、それが虚空の中で四本の柱で支えられた宝台となった。台の中には床があり、百千万枚の天の衣が敷かれている。その上に仏が足を組んで坐られ、大光明を放たれた。それを見て、妙荘厳王はこんなことを思った。

〈仏身の厳《おごそ》かですぐれたるさま、かくも完成されたお姿は、わたしがこれまで見たこともないものである〉

すると雲雷音宿王華智仏が聴衆に告げられた。

27—3

『あなたがたは、妙荘厳王がわたしの前に立ち、合掌しているのを見ているはずだ。この王は、やがて比丘《びく》となり、わたしの教えを受けて、まじめに仏道修行に励み、未来において仏となるであろう。その仏の名は〝娑羅《しゃら》樹王《じゅおう》仏〟、その国土を〝大光〟、仏の在世の時代を〝大高王〟という。その娑羅樹王仏には無数の菩薩、無量の声聞《しょうもん》がおり、その国は起伏がなく平坦である。王が得る功徳はこのようなものだ』

27—4

それを聞くと、王は国を弟に譲り、夫人と二子と家臣たちとともに出家し、仏教者となって修行した。そしてその後、八万四千年にわたって〈法華経〉の修行に精進した。その修行によって、王は瞑想による神通力を獲得し、その神通力を使って虚空を七ターラの高さまで昇り、仏に申し上げた。

『世尊よ、わたしの二人の息子は、仏教者としてなすべき務めを果たしてくれました。神通力を駆使してわたしの邪心を転じて、仏教の教えに心の安定を得るようにさせてくれ、世尊に見《まみ》えることができるようにさせてくれました。二人の子どもはわたしの良き指導者です。二人はわたしを教化し、わたしを利するために、みずからが前世に積んだ善根を振り向けて、わたしの家に子どもとなって生まれてきたのでございます』

すると、雲雷音宿王華智仏が妙荘厳王に告げられた。

『そうだ、そうだ、そなたの言う通りである。善根を積んだ善男善女は、幾度生まれ変わっても良き指導者を得ることができる。そしてその良き指導者は、仏教者としてなすべき務めを果たして、人を教化し、最高・窮極の悟りに向かう心を発《おこ》させる。大王よ、知るがよい。良き指導者というのは大きな因縁なのだ。つまり、人を教化し、仏に見《まみ》えることをさせ、最高・窮極の悟りを求める心を発《おこ》させる縁となるものだ。

大王よ、そなたは二人の子息の本当の姿を見ているか？　二人はすでにガンジス河の砂を六十五百千万億倍し、それをさらに千億倍した数の諸仏に供養し、恭敬《くぎょう》し、その諸仏のもとにおいて〈法華経〉を受持し、憐れみの心でもって邪見の衆生を導き、正しいものの見方をさせるように務めてきた人なのだ』

それを聞くと妙荘厳王は虚空より下りて、仏にこう申し上げた。

『世尊よ、世尊はすばらしい方であります。功徳と智慧とによって、頭頂の髻《もとどり》から光明が放たれ、その眼は長く広く、紺青《こんじょう》にして、眉間の白毫《びゃくごう》は月のごとく、歯は白く輝き、唇はビンバの果実のごとくに赤い』

妙荘厳王は、このように仏の無量百千万億の功徳を称讃したあと、如来の前で一心に合掌しつつこう言った。

『世尊よ、すばらしいことです。如来の教えは、われわれには考えられない絶妙なる功徳をもたらしてくれます。その教えと戒律にもとづいてなされる行動は、わたしたちに安穏と喜楽を与えてくれます。わたしたちは今後、心の趣《おもむ》くままにまかせた行動をせず、邪見や憍慢《きょうまん》・瞋恚《いかり》といった悪心を起こさないようにします』

この言葉を終えると、王は仏に拝礼して退出した」

27—5

仏は聴衆に告げられた。

「あなたがたはどう思うか？　妙荘厳王とは誰あろう、いまここにいる華徳菩薩にほかならない。彼の妃の浄徳夫人は、光照荘厳相《こうしょうしょうごんそう》菩薩である。浄徳夫人は、妙荘厳王やその家臣たちに対する憐愍の情の故に、王の妃となって生まれたのだ。そして王の二人の子は、いまここにいる薬王菩薩と薬上菩薩である。この二菩薩は、すでに話したような大きな功徳を積んだが、これからのちも無量百千万億の諸仏のもとでもろもろの福徳を積み、すばらしい成果をおさめるに違いない。それ故、この二菩薩の名前を聞いた者は、天人であれ人間であれ、みんな二人に礼拝すべきである」

27—6

仏がこの「妙荘厳王の事例」を説かれたとき、八万四千人の聴衆は煩悩《ぼんのう》の塵《ちり》を払い、煩悩の垢《けがれ》を洗い去り、浄《きよ》らかな法の眼を得ることができた。

28　普賢菩薩の章（普《ふ》賢《げん》菩《ぼ》薩《さつ》勧《かん》発《ぼつ》品《ほん》第二十八）

28―1

そのとき、すぐれた神通力《じんずうりき》と徳の力で人々に知られた普賢菩薩《ふげんぼさつ》は、数えきれない多数の菩薩たちを引き連れて、東方世界からこの娑婆《しゃば》世界にやって来た。彼が通過した途中の仏国土では、大地が震動し、宝の蓮華が雨と降り、さまざまな音楽が奏でられた。彼は、天竜八部衆《てんりゅうはちぶしゅう》に囲まれて、神通力と徳の力を発揮しつつ娑婆世界の霊鷲山に到着し、釈迦牟尼《しゃかむに》仏を拝礼し、右廻りに七度回り、仏に申し上げた。

「世尊よ、わたしは宝威徳上王《ほういとくじょうおう》仏がおられる国にいたのですが、この遠き娑婆世界において、世尊が〈法華経〉をお説きになっておられますのを知って、無量無辺百千万億の菩薩たちとともに聴聞にやって来ました。どうか世尊よ、〈法華経〉をお説きください。また、如来の滅後は、善男善女はどのようにすれば、この〈法華経〉を修得することができるでしょうか？」

28—2

仏は普賢菩薩に教えられた。

「善男善女が次の四つの条件を守るならば、如来の滅後においても〈法華経〉を修得することができよう。

一つには、自分は諸仏に護られていると認識すること。

第二に、みずから功徳を積むこと。

第三に、正しい道を知って、まっすぐその道を歩める人になること。

最後に、一切衆生を救おうとする心を発《おこ》すこと。

このような四つの条件を守る善男善女は、如来の滅後においても必ずこの〈法華経〉を修得できる」

28—3

すると普賢菩薩が仏に申し上げた。

「世尊よ、仏が入滅されたのちの五百年の悪しき世において、この経典を受持する者がありましたら、わたしはその人を守護し、もろもろの障《さわ》りを取り除き、安穏ならしめ、彼の弱みに付け込もうとしている人に、その隙《すき》を与えないようにします。あるいは魔類、夜叉《やしゃ》や悪鬼がその人を悩ますことがないようにします。歩きながらでもいい、あるいは立ち止まってでもいい、この経典を読誦《どくじゅ》する者がいれば、わたしは六牙《ろくげ》の白象に乗って、大勢の菩薩を引き連れて、その人の前に姿を現わし、その人に供養し、守護し、安心を与えます。それは、わたし自身が〈法華経〉を供養するためです。

　その人が坐りながらでも、この経のことを考えるなら、わたしは同様に白象に乗って出現します。その人が〈法華経〉の一句、あるいは一つの詩を忘れるようなことがあれば、わたしは彼と一緒に読誦して忘れたことを思い出させ、また意味をよく分からせてあげます。そうすれば、〈法華経〉を受持・読誦する者は、わたしの姿を見て歓喜し、さらに精進するでしょう。彼はわたしを見ることによって、瞑想に入ることができ、さまざまな陀羅尼《だらに》を知ることができます。

　世尊よ、仏滅後五百年の悪しき世において、この〈法華経〉を求め、受持・読誦・書写し、修習したいと思う比丘《びく》・比丘尼《びくに》・優婆塞《うばそく》・優婆夷《うばい》は、三七、二十一日間、一心に精進すべきです。その期間が終れば、わたしは六牙の白象に乗り、大勢の菩薩に囲まれて、みんなが待望している姿でもってその人の前に出現し、その人に教えを示し・説き・利し・喜ばせます。またその人に陀羅尼を教えます。この陀羅尼を唱えれば、鬼神がその人を苦しめることはなく、女性の誘惑に遇《あ》うこともないでしょう。もちろん、わたし自身も、常にこの人を守護します。

そこで世尊よ、どうかわたしが陀羅尼を説くことをお許しください。これがその陀羅尼です。

――あたんだい　たんだはち　たんだばてい　たんだくしゃれい　たんだしゅだれい　しゅだれい　しゅだらはち　ぼだはせんねい　さるばだらにあばたに　さるばばしゃあばたに　しゅあばたに　そうぎゃばびしゃに　そうぎゃねきゃだに　あそうぎ　そうぎゃはぎゃち　ていれいあだそうぎゃとりゃあらていはらてい　さるばそうぎゃさまちきゃらんち　さるばだるましゅはりせってい　さるばさたろだきょうしゃりゃあぬぎゃち　しんあびきりちてい――

世尊よ、この陀羅尼を聞くことができた菩薩は、それを聞くことができたのは普賢の神通力によってであると知るべきです。人間世界において〈法華経〉を受持している人がいれば、その背後に普賢の神通力が働いていると思うべきです。もし〈法華経〉を受持し、読誦し、正しく思索し、その意味を理解して教えの通りに修行している者がいれば、その人は普賢の教えを実践しているのだと知るべきです。

無量無辺の諸仏のもとで、しっかり善根を積んだ人は、諸仏に頭を撫《な》でてもらって褒められます。たんに〈法華経〉を書写しただけの人であっても、その人は来世、忉利天《とうりてん》に生まれるでしょう。そのとき、八万四千の天女が音楽を奏して彼を迎えます。その人は七宝の冠《かんむり》をつけ、女官に囲まれながら快楽の生活を送ります。ましてや、〈法華経〉を受持し、読誦し、正しく思索し、その意味を理解して教えの通りに修行した人の功徳がどれほど大きいか、言うまでもありません。そのような人は臨終のとき、千仏が救いの手を差し伸べられ、地獄などの苦しみの世界に堕《お》ちる恐怖をなくし、弥勒菩薩のおられる兜率天《とそつてん》に生まれさせてくださいます。このような功徳があるのです。ですから智者は、〈法華経〉を一心に書写し、また他人をして書写させ、受持し、読誦し、正しく思索し、教えの通りに修行すべきです。

世尊よ、わたしは神通力をもってこの経典を守護し、如来の入滅後も人間世界のうちにこの経を広宣流布し、断絶することのないようにします」

28—4

そのとき、釈迦牟尼仏は普賢菩薩を誉《ほ》めて言われた。

「善《よ》きかな、善きかな、普賢よ。そなたはこの〈法華経〉をよく守護して、多くの衆生に安楽の利益を与えるであろう。そなたはすでに多大の功徳を積み、慈悲の心を深めてきた。久遠の昔から最高・窮極の悟りを求める心を発《おこ》し、神通力でもってこの経を守護せんとする願を立てた。わたしもまた神通力でもって、普賢菩薩の名を受持する者を守護しよう。

普賢よ、知るがよい、この〈法華経〉を受持し、読誦し、正しく思索し、修習し、書写する者は、釈迦牟尼仏に見《まみ》えて仏みずからの口よりこの経典を聞くのと同じだということを。知るがよい、その人は釈迦牟尼仏を供養しているのだと。知るがよい、その人は仏に『善きかな』と誉められているのだと。知るがよい、その人は釈迦牟尼仏の手で頭を撫でてもらっているのだと。知るがよい、その人は釈迦牟尼仏の衣で身を包んでもらっているのだと。

そのような人は、世間の人が溺れる快楽に関心がなく、仏教以外の経典や書籍を好まず、また悪しき職業の人や女性に売春させる者に近づくことをしない。そのような人は、純情・率直で、正しい思索をし、福徳のある人だ。その人は貪《むさぼり》・瞋《いかり》・癡《おろかさ》の三毒に悩まされず、また嫉妬・慢心・不遜に悩まされることはない。その人は少欲にして足るを知り、よく普賢の行を修する。

普賢よ、如来の滅後五百年にして〈法華経〉を受持・読誦している者を見れば、〈この人は遠からざる未来において、まさしく悟りの道場に坐し、もろもろの魔軍を撃破して最高・窮極の悟りを得、そして法輪を転じ、法の鼓《つづみ》を打ち、法の法螺《ほら》貝《がい》を吹き、法の雨を降らすであろう。まさしく天人や人間の中で、獅子座《ししざ》の法座に上《のぼ》られる人だ〉と思うべし。

普賢よ、もし後世においてこの経典を受持・読誦する人がいれば、その人は、衣服・寝具・飲食・生活物資にがつがつすることはない。その人の来世に福徳を得たいという願いはきっと実現する。また、現世においても福徳を得る。

もし、〈法華経〉を受持する人を軽《かろ》んじ、謗《そし》り、

『おまえは狂人だ。そんなことをしても、得るものは何もない』
と言う人がいれば、その人は罪の報いによって、生まれ変わるたびごとに盲目となるであろう。反対に〈法華経〉を受持する人を供養し、称讃する人は、まちがいなく現世において多大な果報を得る。また、この経を受持する人を見て、その過失を言い募《つの》る者がいれば、それが本当であれ嘘であれ、その人は現世に大病を患う。また、この経典を受持する者を嘲笑する者は、生まれ変わるたびごとに当然の報いを受ける。
それ故、普賢よ、もしこの〈法華経〉を受持する者を見れば、すぐさま起《た》ち上がって遠くまで駆け付け、仏を敬うように出迎えるべきである」

28―5

仏がこの「普賢菩薩の章」を説かれたとき、ガンジス河の砂に等しい無量無辺の菩薩は、衆生を教化する力を得、また三千大千世界を微塵《みじん》に砕いた数ほどの無数の菩薩が、普賢菩薩と同じ実践力を得た。

28―6

仏がこの経を説かれたとき、普賢菩薩をはじめとするもろもろの菩薩たちと、舎利《しゃり》弗《ほつ》（シャーリプトラ）をはじめとするもろもろの声聞《しょうもん》、そして天・竜といった人間にあらざる衆生の全員が大いに歓喜し、仏の言葉を胸に刻みつつ、拝礼をして去って行った。

用語解説

【ア】

阿闍世(あじゃせ)　アジャータシャトル．父王を殺害してマガダ国王となる．

阿那律(あなりつ)　アニルッダ．釈迦の十大弟子の一．

阿難(あなん)　アーナンダ．釈迦の十大弟子の一．釈迦の侍者をしていた．

阿鼻地獄(あびじごく)　最下層にあるとされる地獄で，最悪の地獄．

阿羅漢(あらかん)　声聞(しょうもん)と呼ばれる小乗仏教の修行者で，最高の境地に達した聖者．

【イ】

韋提希(いだいけ)　ヴァイデーヒー．マガダ国のビンビサーラ王の妃．

一仏乗(いちぶつじょう)　すべての人を対象とした教え．

【ウ】

有頂天(うちょうてん)　天界の最上層．

優婆夷(うばい)　女性の在家信者．

優婆塞(うばそく)　男性の在家信者．

優楼頻螺迦葉(うるびんらかしょう)　ウルヴィルヴァーカーシャパ．釈迦の弟子．

【エ】

縁覚(えんがく)　小乗仏教で，特定の教団に属さない山林修行者．その中で最高の境地に達した者が辟支仏(びゃくしぶつ)である．

縁覚乗(えんがくじょう)　縁覚のための教え．

閻浮提(えんぶだい)　須弥山(しゅみせん)の南方にある大陸で，人間が住む世界．

【オ】

王舎城(おうしゃじょう)　ラージャグリハ．マガダ国の首都．

【カ】

迦旃延(かせんねん)　カーティヤーヤナ．釈迦の十大弟子の一．

伽耶迦葉(がやかしょう)　ガヤーカーシャパ．釈迦の弟子．

【キ】

記(き)　未来成仏の予言.
憍陳如(きょうじんにょ)　カウンディニヤ. 釈迦の初転法輪によって, 最初に悟りを開いた弟子.
経行(きんひん)　坐禅中, 眠気をとるために一定の場所を歩くこと.

【ケ】

結跏趺坐(けっかふざ)　坐禅の姿勢.

【コ】

劫(こう)　ほとんど無限ともいえるほどの長い時間. 無限宇宙時間.

【サ】

最高・窮極の悟り(さいこう・きゅうきょくのさとり)　原語は阿耨多羅三藐三菩提(あのくたらさんみゃくさんぼだい. サンスクリット語だとアヌッタラ・サムヤク・サンボーディ)で,「この上もなく正しい悟り」の意.
三界(さんがい)　一切の衆生が輪廻転生を続ける世界.
三千大千世界(さんぜんだいせんせかい)　一人の仏が教化する世界.
三昧(さんまい)　瞑想により安定した精神状態に入ること.

【シ】

持国天(じこくてん)　四天王の一で, 東方を守護する.
自在天(じざいてん)　仏教の守護神の一.
獅子座(ししざ)　仏や高貴な人が坐る座.
四諦(したい)　四つの真理. 人生の苦を克服する方法を教えたもの.
沙弥(しゃみ)　出家して十戒を受けた少年僧.
沙門(しゃもん)　出家修行者.
舎利(しゃり)　遺骨.
舎利弗(しゃりほつ)　シャーリプトラ. 釈迦の十大弟子の一.
十二因縁(じゅうにいんねん)　人生の苦がなぜ生じるか, その原因を教え, また苦を克服する方法を教えたもの.
授記(じゅき)　未来において, その人が仏になることを予言すること. 受ける側からは受記.
須菩提(しゅぼだい)　スブーティ. 釈迦の十大弟子の一.
須弥山(しゅみせん)　仏教の世界観で, 世界の中心に聳(そび)えるとされる高山.

正法(しょうぼう)　仏教の正しい教え．また，三時の一．三時とは，釈迦世尊が入滅されたのち，500年間はこの正法の時代が続き，その後，像法(ぞうぼう)の時代，末法時代になるという説．

声聞(しょうもん)　小乗仏教の教団に属する出家修行者．その中で最高の境地に達した者を阿羅漢(あらかん)という．

声聞乗(しょうもんじょう)　声聞のための教え．

神通力(じんずうりき)　仏教の修行によって得られる，人知を超えた不思議な力．

【セ】

誓願(せいがん)　仏教者となって，修行を始める前に立てる誓い．ただし，利他の願いでなければばならない．

【ソ】

増上慢(ぞうじょうまん)　悟りを開いていないのに，悟りを開いたと過信する．

像法(ぞうぼう)　正法(しょうぼう)にやや似た教え．

【タ】

帝釈天(たいしゃくてん)　護法の善神．

提婆達多(だいばだった)　デーヴァダッタ．釈迦の弟子の一で，阿難と兄弟．

ターラ樹(たーらじゅ)　インド産の熱帯植物．樹高は約20メートルで，これを長さの単位として使うこともある．

陀羅尼(だらに)　霊力ある呪文．本来は修行者が心の散乱を防ぎ，教えを記憶するために用いた．

【チ】

知見(ちけん)　智慧による洞察力．

【テ】

天耳(てんに)　天耳通ともいい，あらゆる音を聴くことができる超能力．

天人(てんにん)　輪廻の世界において，最も快楽の多い生類．長寿が約束されているが，それでも最後には死んで，また輪廻転生する．

天竜八部衆(てんりゅうはちぶしゅう)　もとはインド神話における邪神であったが，釈迦に教化されて仏法を守護する神となった8種の存在．天・竜・夜叉(やしゃ)・乾闥婆(けんだつば)・阿修羅(あしゅら)・迦楼羅(かるら)・緊那羅(きんなら)・摩睺羅伽(まごらが)をいう．

転輪聖王(てんりんじょうおう)　古代のインド人が考えた理想の帝王．

【ト】

忉利天（とうりてん）　須弥山の頂上にある天界．
兜率天（とそつてん）　欲界にある六つの天界のうちの第四位の天界．

【ナ】

那提迦葉（なだいかしょう）　ナディーカーシャパ．釈迦の弟子．
難陀（なんだ）　ナンダ．釈迦の異母弟．出家して釈迦の弟子となる．

【ネ】

涅槃（ねはん）　静けさの境地．

【ハ】

波羅奈（はらない）　ヴァーラーナシー．釈迦の初転法輪の聖地．
婆羅門（ばらもん）　婆羅門教の祭司階級．

【ヒ】

比丘（びく）　男性の出家修行者．
比丘尼（びくに）　女性の出家修行者．
毘沙門天（びしゃもんてん）　四天王の一で，夜叉を率いて北方を守護する神．
白毫（びゃくごう）　仏の眉間にある白い巻き毛．
辟支仏（びゃくしぶつ）　縁覚（えんがく）と呼ばれる小乗仏教の修行者で，最高の境地に達した聖者．

【フ】

仏舎利（ぶっしゃり）　仏の遺骨．
富楼那（ふるな）　プールナ・マイトラーヤニープトラ．釈迦の十大弟子の一．

【ホ】

〈法華経〉（ほけきょう）　過去・現在・未来の諸仏が，最終的に教えたかった宇宙の真理．宇宙の真理であるから，それを言葉でもって説くには無限の時間がかかる．『法華経』という経典は，〈法華経〉がそのような宇宙の真理であることを説いたもの．
菩薩（ぼさつ）　原義的には仏に向かって歩む人．すべての大乗仏教徒をいう．
梵天（ぼんてん）　正法護持の神．

【マ】

摩訶迦葉(まかかしょう)　マハーカーシャパ．釈迦の十大弟子の一．
摩訶波闍波提(まかはじゃはだい)　マハープラジャーパティー．釈迦の養母．のちに出家して比丘尼となる．

【メ】

瞑想(めいそう)　心を統一し，安定させた状態になること．一般に“三昧(さんまい)”の語が使われるが，本書では“瞑想”に統一した．

【モ】

目連(もくれん)　マウドガリヤーヤナ．釈迦の十大弟子の一．

【ヤ】

耶輸陀羅(やしゅだら)　ヤショーダラー．釈迦の妻．のちに出家して比丘尼となる．

【ヨ】

ヨージャナ　距離の単位で，約10キロメートル．漢訳仏典では由旬(ゆじゅん)と訳される．

【ラ】

羅睺羅(らごら)　ラーフラ．釈迦の実子．出家して釈迦の弟子となる．釈迦の十大弟子の一．
羅刹(らせつ)　もとは人肉を食う悪鬼．仏教に取り入れられて守護神とされる．

【リ】

霊鷲山(りょうじゅせん)　耆闍崛山(ぎしゃくっせん)ともいう．王舎城の郊外にある山で，釈迦の説法地の一．

【ロ】

六波羅蜜(ろくはらみつ)　布施・持戒・忍辱・精進・禅定・智慧の完成を教えたもの．

ひろ　さちや

一九三六年、大阪市に生まれる。東京大学文学部印度哲学科卒業、東京大学大学院人文科学研究科印度哲学専攻博士課程修了。一九六五年から二十年間、気象大学校教授をつとめる。退職後、仏教をはじめとする宗教の解説書から、仏教的な生き方を綴るエッセイまで幅広く執筆するとともに、全国各地で講演活動を行っている。厖大かつ多様で難解な仏教の教えを、逆説やユーモアを駆使して表現される筆致や語り口は、年齢・性別を超えて好評を博している。

おもな著書に、『仏教の歴史（全十巻）』『釈迦』『仏陀』（以上、春秋社）、『観音経 奇蹟の経典』（大蔵出版）、『お念仏とは何か』（新潮選書）、『「狂い」のすすめ』（集英社新書）、『わたしの「南無妙法蓮華経」』『わたしの「南無阿弥陀仏」』『ひろさちやの「日めくり説法」』『〈法華経〉の世界』（以上、佼成出版社）などがある。

Kosei
shuppan

『法華経』日本語訳

2015年4月30日　初版第1刷発行
2024年8月15日　初版第5刷発行

著　者　ひろさちや
発行者　中沢純一
発行所　株式会社佼成出版社
〒166-8535　東京都杉並区和田2-7-1
電話　(03) 5385-2317（編集）
(03) 5385-2323（販売）
URL　https://kosei-shuppan.co.jp/

印刷所　錦明印刷株式会社
製本所　大口製本印刷株式会社

◎落丁本・乱丁本はお取り替えいたします。

ISBN978-4-333-02704-0　C0015